Colibri

Giunti Editore è socio di IBBY Italia

Leggere per crescere liberi

Sostieni anche tu IBBY Italia, i libri per ragazzi, la lettura e il diritto a diventare lettori.
www.ibbyitalia.it

Progetto grafico di collana: Clara Battello

Testo: Matteo Grimaldi
Matteo Grimaldi è rappresentato da Rottermaier – Servizi Letterari, Torino.
Illustrazioni: Maria Luisa Petrarca

Impaginazione: Sara Storari
Redazione: Veronica Fantini

www.giunti.it

Via Bolognese, 165 - 50139 Firenze - Italia
Via G. B. Pirelli, 30 - 20124 Milano - Italia

Prima edizione: maggio 2021
Seconda ristampa: gennaio 2022

FSC
www.fsc.org
MISTO
Carta da fonti gestite in maniera responsabile
FSC® C115118

Stampato presso Elcograf SpA, stabilimento di Cles

Matteo Grimaldi

Il violino di Filo

Illustrazioni di Maria Luisa Petrarca

GIUNTI

Cap. 1

UNA LUNGA NOTTE

Filippo, con mezza faccia sotto alle coperte, vide la porta della sua stanza aprirsi e la testa della mamma fare capolino. Ferma sulla soglia, guardava verso di lui in silenzio. Ebbe la tentazione di tuffarsi giù dal letto, correre e aggrapparsi a lei come un koala. Dirle di abbracciarlo forte, perché la scossa di terremoto lo aveva fatto morire dalla paura. Ma non lo fece. Rimase immobile a far finta di dormire, col cuore che tirava pugni.

Dopo pochi istanti la figura di sua madre sparì lasciando la porta socchiusa.

Filippo sentiva le voci dei suoi genitori alternarsi in salotto, ma non riusciva a cogliere le parole. Scese dal letto e raggiunse la porta, guidato dallo spicchio di luce che filtrava da fuori.

«Dormiamo qui» stava dicendo la mamma.

«Sei sicura? Ormai il peggio è passato».

«Ma dalla nostra camera al piano di sopra mi sentirei lontana chilometri da Filo».

«Allora apro il divano-letto».

«Cesare, ho paura» concluse la mamma.

"Perché sono così agitati, se il peggio è davvero passato?" si domandò Filippo mentre il papà faceva scattare la molla del divano con quel *clang* che aveva sentito soltanto un paio di volte in tutta la vita, cioè solo quando erano venuti i cugini da Milano.

Sembrava davvero una situazione d'emergenza, e allora prese una decisione che non aveva precedenti.

Diede un'ultima occhiata attraverso lo spiraglio, assicurandosi che i suoi genitori fossero abbastanza indaffarati con i preparativi per la notte. Nessuno – assolutamente nessuno – doveva vedere quello che stava per fare.

Tornò in camera sua, accese la lampada sul comodino. La grossa sveglia rossa segnava l'una e mezza. Era tardissimo. Avvicinò la sedia alla parete dei libri e ci salì sopra. Da lassù arrivava anche alla mensola più alta, dove stavano i classici. Sfilò *L'isola del tesoro* e, dalle ultime pagine, tirò fuori un foglio piegato in quattro. Scese dalla sedia tenendolo con delicatezza fra le dita. La luce fioca dava alla carta la colorazione ingiallita dei vecchi documenti.

Si sedette alla scrivania e prese dal cassetto la carta trasparente per ricalcare. Il lavoro si preannunciava lungo e delicato: duplicare la sua super segreta mappa del tempo.

Quando ebbe finito, rimise l'originale al suo posto. *L'isola del tesoro* era un nascondiglio inattaccabile, visto che aveva resistito a così tante operazioni di pulizia della stanza a opera della mamma.

Si guardò attorno alla ricerca di un posto sicuro in cui nascondere la nuova mappa. Ma certo, la custodia del violino! Se c'era una certezza nella sua vita era proprio il violino, da cui non si staccava mai. Gli aveva persino dato un nome. Filippo pensava che dare un nome alle cose le rendesse più vicine. Non tutte, naturalmente, solo quelle a cui teneva molto. Lo aveva chiamato Lino, non così fantasioso per un violino, ma era il primo nome che gli era venuto in mente.

Nel frattempo in casa era tornato il silenzio. La sveglia adesso segnava le due e un quarto. Spense la luce e si addormentò, rassicurato dal pensiero che i suoi genitori erano a pochi passi.

Non poteva neanche immaginare quello che sarebbe successo di lì a un'ora, qualcosa che avrebbe cambiato per sempre il corso della sua vita.

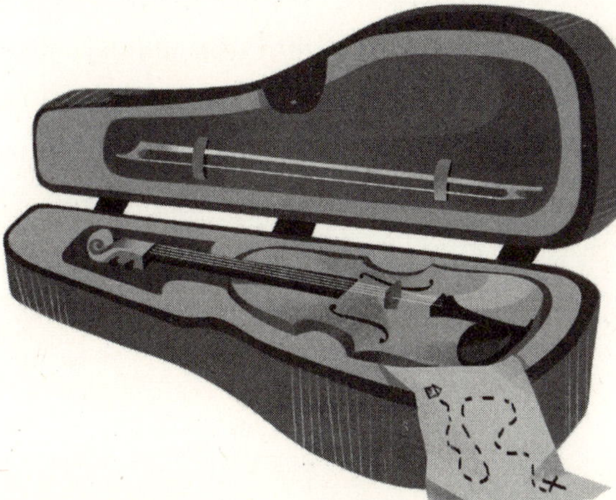

Quando Filippo si risvegliò era ancora notte. Al posto del silenzio c'era un rumore simile al vento che sbatte fra le pareti di una caverna. Non capiva da dove provenisse – da qualche luogo nascosto, in profondità – ma non ebbe il tempo di pensare, perché subito arrivò il tremore.

"Un'altra!" pensò Filippo, ma quella non era la solita scossa.

Il letto si muoveva come una zattera sballottata da un mare in tempesta, e lui si teneva aggrappato alla testata sperando di riuscire a restare a bordo. Sentiva i colpi dell'armadio contro il muro e, dal rumore metallico, intuì che i modellini dei pianeti sulla mensola stavano precipitando a terra insieme ai libri.

Filippo tentò la fuga, ma il pavimento andava in su e in giù con una tale violenza che era impossibile stare in piedi. Afferrò la cinghia della custodia del violino e se la passò attorno al collo. Si muoveva a quattro zampe verso la porta che adesso era spalancata. Aveva un solo pensiero fisso: "Il tetto. Fra poco mi cade il tetto sulla testa".

In salotto la luce della luna filtrava dalla grande vetrata e gli permetteva di distinguere meglio i contorni delle cose.

«Filo, fai presto! Aiutami con la mamma!»

Suo padre era in ginocchio accanto al divano.

«Claudia, forza!» gridò, scuotendo la moglie, che guardava la parete con gli occhi spalancati e non rispondeva. «Dobbiamo uscire!»

I bicchieri di cristallo tintinnavano nella credenza. Una crepa a forma di saetta attraversò il muro. Mentre tutto il mondo attorno continuava a tremare fortissimo, il papà afferrò il braccio della mamma e riuscì a farla cadere dal divano. Lei sembrò tornare all'improvviso da chissà quale dimensione.

Si misero a gattonare verso il portoncino blindato a pochi metri. Dall'altra parte c'erano le scale esterne del primo piano che li avrebbero condotti giù in giardino. Prima di varcare la soglia, Filippo si guardò indietro e notò la sua mappa sui vetri rotti delle fotografie. Era sgusciata via.

Non ci pensò un solo istante. Era troppo importante per lasciarla lì. Si staccò dai suoi genitori e, prima ancora che avessero potuto dire qualcosa, balzò indietro, recuperò il foglio e riprese a gattonare verso il portoncino. Sul viso dei suoi genitori si disegnava un'espressione sempre più sollevata man mano che si avvicinava.

Quando era ormai a meno di due metri da loro, Filippo sentì il pavimento sparire sotto di sé e precipitò nel vuoto.

Al piano di sotto c'era la taverna, col grande tavolo, le panche di legno, la cucina che non usavano mai. E adesso, da qualche parte in quel buio, c'era anche lui.

«Filo, stai bene? Mi senti? Rispondi!» gridava la mamma. Lui la sentiva e la vedeva, sul ciglio del buco, ma era come se fosse molto più che lontana: lontanissima. Si sforzava di risponderle, ma la sua voce veniva fuori sottile come un sibilo e in quel tremore non riusciva a raggiungerla.

Fortuna che era caduto sul morbido – doveva essere il divano – ma aveva preso comunque una bella botta perché gli faceva male dappertutto e si sentiva stordito. Non lontano da lui continuavano a cadere pezzi di soffitto. Il buco da cui era precipitato si allargava. Vide sua madre tirata via dalla mano di suo padre. Ebbe giusto il tempo di trascinarsi per qualche metro, quando un boato fortissimo gli fece perdere i sensi. L'intero piano superiore era crollato sopra di lui.

Buio ovunque. Filippo continuava a sentire quel rumore trapanante, ma non era vero, si era solo stampato nella mente come un brutto ricordo. Adesso era tutto fermo, e lui era solo.

Gli occhi bruciavano per via di tutta quella polvere nell'aria, ed era difficile persino respirare. Si sentiva scombussolato, ma tutto sommato stava bene. Distese le braccia alla ricerca di punti di riferimento. Non vedeva nulla, ma con le mani riuscì a riconoscere i grossi piedi di legno del tavolo che lo aveva salvato.

Rimise insieme i fotogrammi: era franato al piano terra, nella taverna, e si era rotolato sotto al tavolo, che era così grande che occupava gran parte della stanza. Non sapeva nemmeno lui come aveva fatto ad arrivare lì.

“Devo uscire da qui” pensò, mentre le sue orecchie iniziavano a percepire le urla che arrivavano da fuori. Incontrò subito uno sbarramento. Una montagna di pietre gli rendeva impossibile procedere: era imprigionato sotto al tavolo come in una specie di igloo di macerie.

“E se crolla anche il resto della casa?”

Non c’era tempo da perdere. Si mise a scavare una strada. A ogni centimetro che liberava sentiva le forze abbandonarlo. Tremava dal freddo; si dava dei colpetti sulle gambe per darsi la carica, e riprendeva a scavare. Quando si era ormai convinto che non sarebbe mai riuscito a uscire, le sue mani sfiorarono una superficie familiare. Era la custodia del violino. Filippo la riconobbe subito e la abbracciò stretta. Sentì sulle guance scorrere lacrime tiepide che gli diedero una sensazione di sollievo. Almeno aveva ritrovato Lino; adesso non era più solo.

Tornò strisciando sotto al tavolo che l’aveva salvato e si sedette con le gambe incrociate. Aprì la custodia e prese in mano il violino.

Riusciva a malapena a tenere l’archetto sospeso, ma cominciò comunque a suonare. Non pensava per niente alle note, che si susseguivano naturali come se non dipendessero da lui; aveva provato quella parte milioni di volte con l’orchestra della sua scuola. Chissà come stavano i suoi compagni, la sua prof…

«C’è qualcuno qui sotto!»

La voce arrivava da fuori. Filippo era sempre più debole e così assorto nella sua musica che non la sentì.

«Ehi!»

I colpi sul muro richiamarono finalmente la sua attenzione, allora si fermò.

«Dico a te che suoni, devi uscire subito!»

Era una voce femminile, non adulta come quella della mamma, ma nemmeno sua coetanea. Poteva essere un po' più grande della sua amica Viola. O addirittura da prima superiore.

Avrebbe voluto risponderle che se fosse stato in grado di uscire, di certo non si sarebbe messo a suonare il violino da dentro un'abitazione crollata.

Ma era troppo stanco e disse solamente:

«Sono bloccato».

«Come ti chiami?»

«Filippo, e tu?»

«Diana. E quanti anni hai?»

«Nove, e tu?»

«Trova un posto sicuro sotto a un tavolo o a qualcosa di robusto, io vado a cercare aiuto. Stai tranquillo, so cosa fare».

Dopo un tempo che non avrebbe saputo calcolare, Filippo sentì due braccia forti stringerlo e riacquistò lucidità. Era esausto. Un uomo accanto a lui teneva una torcia accesa e gli parlava, ma lui non riusciva a seguire il flusso delle sue parole. L'uomo aveva un tono pacato e rassicurante. Strisciarono insieme, urtando pezzi di pietra e spigoli, attraverso un percorso che prima non c'era. Quell'uomo doveva aver faticato parecchio per arrivare nel punto in cui si era rifugiato.

«Usciremo dalla finestra. Ti aiuterò io, stai tranquillo».

Filippo cercava di tenere gli occhi aperti nonostante il peso che sentiva sulle palpebre. Dalla finestra si intravedevano luci diverse. Riconobbe il lampeggiante blu della polizia. Sentiva un vociare che aumentava di volume a ogni passo che faceva, sorretto da quell'uomo gentile. Doveva esserci parecchia gente là fuori. Chissà che ore erano.

«Ci siamo. Sei pronto?»

Filippo annuì alla luce della torcia e lui gli sorrise. Si sentì sollevare da dietro. Quasi volando, attraversò la finestra e toccò terra sul pavimento di sampietrini, finalmente fuori. L'uomo era stato attento a non farlo urtare contro i vetri rotti sul bordo.

Filippo si voltò verso di lui che, dall'interno, gli passò la custodia del violino. Intanto partì un applauso fragoroso, neanche se la squadra locale di rugby avesse segnato la meta decisiva per il campionato.

Davanti a lui c'erano la mamma e il papà, e un sacco di altra gente.

Quando avanzò di un passo verso la mamma, sentì un forte dolore alla caviglia destra e subito si fermò. Lei lo raggiunse di corsa. Le sue mani premevano sulla schiena. Poi arrivarono le braccia forti del papà. Si sentì al sicuro: nello spazio gigante dell'abbraccio dei suoi genitori non poteva più succedergli niente.

«Grazie» disse la mamma, rivolta all'uomo che lo aveva tirato fuori, guardandolo come si guarda uno di casa.

«Dovere, signora».

Soltanto allora Filippo lesse la scritta fluorescente "Vigili del Fuoco" sul giaccone.

«Ehi, famiglia!»

«Zia Enrica!» esclamò Filippo voltandosi in direzione di quella voce inconfondibile.

Accennò a uno scatto a cui dovette ancora una volta rinunciare. La caviglia gli faceva proprio male. La zia camminava verso di loro.

«Enrica, vieni qui!» disse la mamma.

Filippo abbracciò la zia, che per qualche istante perse l'equilibrio, ma non cadde. Tuffò la faccia nella sua vecchia pelliccia. Lui la chiamava "la pelle di lupo spelacchiato" perché era grigia come il manto di un lupo e finta come una moneta di cioccolato. Lei gli scompigliava i capelli senza staccare lo sguardo da sua sorella. Si parlavano con gli occhi, loro due. Le persone che si vogliono bene ci riescono sempre.

«È crollato tutto, Filo era rimasto dentro... Poteva succedere qualunque cosa».

«Claudia...» Zia Enrica scuoteva la testa.

«E tu come stai? Che è successo alla tua casa?»

Guardarono entrambe la sagoma scura della villetta all'altro lato della strada. Le avevano comprate insieme. Quando i loro genitori erano morti, avevano deciso che loro due dovevano stare vicine.

«Siamo qua, Claudia. Siamo tutti qua» disse infine agitando la mano della mamma.

Passarono il resto della notte nella grande automobile che il papà aveva voluto a tutti i costi per i viaggi di famiglia. La mamma e il papà davanti, Filippo e la zia dietro.

Filippo non aveva mai trascorso una notte intera in macchina.

Nella sua città certe notti di primavera assomigliano a quelle invernali. Non c'era stato il tempo di mettersi ai piedi le solite sneakers bianche, e quel pigiama leggero non era un granché per coprirsi.

Fu una notte interminabile. Filippo provava ad appisolarsi, ma veniva svegliato di continuo da nuove scosse. E poi dalle telefonate.

«Sì, noi stiamo tutti bene... Come tutto distrutto?!?»

Suo padre uscì a parlare fuori dalla macchina. Dall'interno si coglieva a malapena qualche parola.

«Il campanile crollato? Vi stanno facendo andar via? E dove?»

Uscì anche la mamma. Aveva bisogno d'aria.

Filippo stava per fare lo stesso, ma lo sguardo della zia lo trattenne. Come succedeva di solito quando nessuno la osservava, gli lesse nel pensiero e iniziò a scaldargli i piedi col lupo spelacchiato. Lui avvertì un calore alla caviglia che attenuava il dolore.

Nella sua testa si alternavano mille domande.

La scuola? Era crollata pure quella, come il campanile e come il piano di casa sua? E i suoi compagni? Non vedeva l'ora di incontrarli per raccontargli come si era salvato. E chi era quella ragazzina che lo aveva trovato e di cui conosceva soltanto il nome? Diana, sì, si chiamava così. E dov'era finita? E loro quattro, cosa avrebbero fatto appena sarebbe spuntato il sole? Dove sarebbero andati?

Il volume delle voci fuori dalla macchina si era attenuato. Filippo riconobbe il suono delle campanelle che arrivava dal balcone della zia Enrica, e rivide come in un film quel pomeriggio di due giorni prima. Ricordava perfettamente la sensazione di terrore provata all'idea che la professoressa Spezzaferri lo escludesse dal concorso musicale di cui non facevano che parlare da mesi. Come sembrava lontana quella paura, ora.

Cap. 2

PROVARE E RIPROVARE

Due giorni prima della scossa

Anche quel pomeriggio, mentre provava la parte, dall'altro lato della strada i sonagli dello scacciapensieri appesi alla ringhiera della zia Enrica si scontravano tra loro, producendo quello stesso tintinnio. Filippo, al freddo di quella prima notte in macchina, ricordò che gli sembravano prendersi gioco di lui. "Ehi, ci senti? Noi suoniamo meglio di te: *tin-tin-tin*. E disturbiamo le tue prove: *tin-tin-tin*".

All'ennesimo movimento sbagliato, dal violino era partito un fischio e lui aveva sbuffato così forte che la pagina dello spartito si era sollevata.

Aveva avuto la tentazione di rimettere lo strumento nella custodia, appoggiare il leggio alla parete e prepararsi un bel panino carico di crema al cioccolato per poter dire definitivamente: "Oggi basta prove!".

Ma la voce della professoressa Spezzaferri era giunta puntuale nella sua mente a ricordargli come stavano le cose.

«Sappiate che per il concorso non mi farò problemi a sostituire in orchestra chi non sarà preparato a dovere».

La sua voce gli era sembrata così squillante che si era aspettato di vederla uscire dalla cucina. Mancavano poco più di due mesi a giugno, e quel concorso musicale era la cosa più importante che avesse mai fatto.

Filippo aveva rimesso il violino in posizione, fra la spalla e il mento, si era caricato con un lungo respiro ed era ripartito. Un tuono aveva fatto tremare i vetri, ma non il suo braccio magrolino, che adesso si muoveva sicuro. La sua musica si scontrava col frastuono della pioggia, e lui era così concentrato che non aveva sentito il campanello farsi sempre più insistente. "Ce la posso fare" si ripeteva. "Ok, ecco il passaggio critico. Ci siamo..." E di nuovo un suono stridente, che gli aveva fatto stringere gli occhi dalla rabbia.

«Aaah! Accidenti!» aveva sbuffato.

A ripensarci, se la ricordava benissimo quella rabbia. La brutta sensazione che si prova quando le cose sembrano impossibili è una di quelle che ti resta impressa a lungo. Come pure quell'urlo fuori.

«Filippooo?!? Che faccio, sfondo la porta?»

Era stato allora che aveva capito che doveva correre ad aprire più veloce di un ultrasuono.

La zia Enrica sgocciolava sullo zerbino davanti a lui. Sembrava saltata fuori da una piscina.

«Posso entrare, vero?» aveva domandato, scansandolo e facendosi largo nel corridoio. Era evidente che non aveva bisogno del suo permesso.

Dopo pochi passi si era fermata. Aveva i capelli incollati sulla fronte. Lo fissava con un'espressione severa e disperata al tempo stesso.

«Non rispondi al telefono e tua madre non la smette di mandarmi SMS. È tutto ok?»

«Sì, zia. Anzi, *ni*».

«Che succeee... *etciù!!!*»

Mentre la zia tirava fuori dal taschino dei jeans una pallottola di carta, a Filippo era scappata una risata.

«Non ridere!» aveva esclamato lei, tentando di soffiarsi il naso. «Il cielo ha aspettato che uscissi di casa per farmi piombare addosso tutta la pioggia del mondo. Ce l'avete qualcosa per asciugare i capelli, oppure devo infilare la testa nel forno?»

Filippo era corso in bagno per tornare in salotto con un phon. La zia lo aveva acceso alla massima potenza.

«Allora? Cos'era quel *ni*?»

«Non riesco...»

«Filippo, non ti sento».

«Zia, forse dovresti spegnere il...»

Lei scuoteva la testa.

«La parte per il concorso mi viene una schifezza!»

Filippo le aveva gridate, quelle parole, e non era da lui. La zia aveva spento il phon. Con quegli occhi spalancati e i capelli per aria sembrava una civetta arruffata

«E la Spezzaferri mi sbatterà fuori dall'orchestra».

«Niente panico, Filo. Sentiamo di cosa sei capace!»

A Filippo non piaceva l'idea di suonare davanti a qualcuno. Il pubblico dovrebbe assistere solo all'esibizione finale e non alle imperfezioni delle prove. Ma la zia Enrica non era una qualunque. Intanto, quando si metteva in testa una cosa, era davvero difficile dirle di no (quindi era anche inutile provarci), e poi Filippo aveva sempre avuto l'impressione che la zia, di musica, ne capisse, eccome.

Aveva fatto un respiro profondo, ricominciando il pezzo daccapo.

Ripensando a quel respiro, sentì un brivido.

I ricordi ti offrono un vantaggio: ti permettono di prepararti alle sensazioni che stai per provare, perché sai in anticipo ciò che accadrà.

A interromperlo non era stato il fischio del violino, ma un boato sordo seguito da un tremore.

Aveva lasciato cadere a terra l'archetto ed era corso verso il tavolo rotondo dei pranzi di famiglia. Là sotto sarebbe stato al sicuro, lo aveva spiegato il suo insegnante quando aveva parlato dei terremoti. Era durata pochissimo, la solita scossa, forse un po' più forte.

Dall'inizio di dicembre aveva iniziato a contarle. Si susseguivano sempre più spesso, a volte deboli, altre più forti. Gli sembravano continui dispetti che la Terra faceva agli abitanti della città.

La zia era rimasta in piedi dove l'aveva lasciata.

«Vieni qua, Filo cuor di leone!» aveva detto, mettendosi a sedere.

Filippo era uscito dal suo rifugio sotto al tavolo e l'aveva raggiunta col passo intimorito di un animaletto che ancora non si fida del tutto dell'umano che lo sta chiamando.

«Messo paura?»

«*Ni*».

«Adesso ascoltami, e poi rispondi *corretto* quando dico una cosa giusta ed *errato* quando ne dico una sbagliata. Chiaro?»

Aveva annuito.

«Bene. Tu hai nove anni e stai frequentando la quarta dell'Istituto Comprensivo Musicale. Corretto?»

«Corretto!»

Non capiva dove la zia volesse arrivare, ma con lei era meglio non farsi troppe domande.

«E fai parte dell'orchestra».

«Corretto».

«Non solo. Sei l'unico delle elementari a farne parte».

Filippo non rispondeva.

«Tutti gli altri membri sono alle medie, corretto?»

«*Mmm,* errato! Ci sono due della quinta anche».

«Ok, riformulo. Sei il più piccolo a suonare nell'orchestra dell'Istituto».

«Sì, corretto!»

«Be', ci sarà un motivo, no? Te lo sei mai domandato?»

In quel momento un raggio di sole aveva colorato una scia brillante sul pavimento, che partiva dalla finestra e arrivava fino ai suoi piedi. La pioggia si era portata via un bel po' del suo malumore. Aveva abbracciato la zia e si era sentito subito meglio.

Cap. 3

LO SCONTRO CON TOMMASO

Il giorno prima della scossa

Con questo spirito, il giorno dopo Filippo aveva deciso di affrontare la prova di ammissione.
Davanti ai suoi occhi, in quella lunga notte insonne, comparve il ricordo della sua scuola. "Avrà resistito alla scossa? Sarà ancora in piedi? Potremo tornarci?" continuava a chiedersi. Ricordò la mattina precedente, quando l'aveva vista probabilmente per l'ultima volta: l'Istituto Comprensivo Musicale "Ottorino Respighi" aveva l'aspetto di un edificio su cui si fosse depositato uno spesso strato di cenere. Era impresso così nella sua memoria, tutto grigio: le pareti, le porte delle aule e pure la ringhiera che lo circondava. Certo che una siepe avrebbero anche potuto piantarcela, aveva sempre pensato.

L'unico angolo trasparente era la postazione del signor Bortolo, il custode. Il signor Bortolo era un omone col compito di vigilare su chi entrava e chi usciva dalla scuola, dall'interno di una specie di acquario posizionato poco oltre l'ingresso. Era sempre impegnato in qualcuna delle sue attività: fare i cruciverba, leggere la pagina di cronaca locale, oppure conversare con le bidelle e le insegnanti che, alla prima occasione, tagliavano la corda. Aveva la camicia sempre sudaticcia, gli occhi piccoli come la punta di uno spillo, le guanciotte cascanti e il respiro pesante. Insomma, il signor Bortolo non poteva certo vantare il fascino di un attore di Hollywood.

Quel giorno Filippo gli era passato davanti indisturbato per raggiungere la propria aula. Si era messo a sedere al banco senza salutare nessuno. Era in ansia totale. Se avesse fallito la prova...

Aveva trascorso l'intera mattinata a sgranocchiare una matita. Non faceva che pensare all'ultima ora, quando si sarebbe deciso il suo destino in orchestra.

Al suono della campanella aveva atteso che gli altri uscissero prima di avviarsi alla sala prove. Si sentiva così diverso dai suoi compagni. Mentre loro tornavano a pranzo a casa senza pensieri, lui stava per affidare tutte le sue speranze al violino, col quale parlava più che coi suoi amici.

«Andiamo, Lino, è il momento! Sono nelle tue mani. Anzi... nelle tue corde!» aveva sussurrato, mettendosi la grande custodia in spalla con slancio. Doveva scendere al piano interrato, dove si trovava la sala prove.

Filippo rivide se stesso procedere a passi lenti, quasi per

ritardare il disastro, il suo corpo minuto nascosto dalla custodia. A guardarlo da dietro, pareva una valigia nera con le scarpe di tela bianche. Il custode, immerso nella lettura del giornale, non sembrava essersi accorto di lui.

«Signor Bortolo!»

«Aaah! Chi è?»

Il custode si era voltato di scatto, facendo ballonzolare il suo faccione.

«Sono Filippo!»

«Ah, eccoti!» aveva esclamato inquadrandolo proprio al centro dell'acquario. «Non mi chiamare più così all'improvviso! Sto lavorando».

«Mi scusi, è che sto scendendo per l'approfondimento orchestrale».

«Vai, vai!» aveva bofonchiato, agitando il giornale. «Con l'aria che tira, li mettono pure a suonare sottoterra...» aveva aggiunto quando Filippo era già a metà della prima rampa, giusto in tempo per sentire il signor Bortolo concludere:

«Di questi tempi proprio una bella fortuna far parte dell'orchestra!».

Già... Al di là delle scosse e del piano interrato per niente rassicurante, Filippo ci aveva pensato spesso. Ma quale fortuna?

Lui era il più piccolo fra i suoi compagni musicisti, quello scelto prima del tempo. Doveva studiare, studiare e studiare. Si sentiva lontano da tutti, e questo non gli piaceva per niente. Lino, poi, era un amico esigente e rumoroso. Non sopportava di starsene troppo a lungo chiuso nella sua custodia.

Filippo un po' lo amava – quando suonava alla grande non c'era niente che lo facesse stare meglio – e un po' non lo sopportava più, perché pretendeva tutto il suo tempo.

«Ehi, Filo!»

Viola era sempre la prima a salutarlo. La trovava ogni volta fuori dall'aula col mento appoggiato alla chitarra, e non aveva ancora capito se aspettasse l'inizio della lezione, oppure se aspettasse proprio lui.

«Ciao, Viola... Oggi la Spezzaferri mi caccia».

«Positivo come al solito, eh? In caso faremo striscioni con scritte enormi e marceremo fin dal Presidente della Repubblica!»

A Filippo era scappato un sorriso "dimenticatutto". Lo chiamava così la zia Enrica. Era quando capitava qualcosa che ti faceva ridere e cancellava per un attimo tutta la preoccupazione.

«Cos'hai da ridere, nano? Hai finalmente imparato dove si disegnano le note sul pentagramma?»

Ecco Tommaso e i suoi amici di prima media al seguito che gli stavano dietro a bocca aperta come pesci in attesa di cibo.

«Tommaso, perché tu e i tuoi amici fiati non andate a suonare il piffero da un'altra parte?»

«Violona, Violona... formate proprio una bella coppia voi due, non c'è che dire».

Tommaso era insopportabile sempre, ma quando la chiamava *Violona* lei sentiva il sangue ribollire nelle vene. E, come le succedeva spesso, anche quella mattina era esplosa.

«Beccati questo!» aveva esclamato prima di spiccare un salto e atterrare a piedi uniti su quelli di Tommaso. La smorfia di dolore era durata appena un istante e poi si era trasformata in un ghigno. Tommaso aveva spinto Viola con forza, facendola cadere a terra con tutta la chitarra.

«Proprio non mi spiego come la prof non si sia ancora sbarazzata di voi. Ma succederà presto, vedrete».

«Spero che faccia una scossa di dieci, così si apre la terra e ingoia casa vostra!» era intervenuto il pesce Marcacci. «Mio padre dice che un tipo l'ha prevista!»

"Dei pesci da guardia che poteva trovarsi Tommaso, Marcacci non è proprio il più furbo in circolazione" aveva pensato Filippo, e poi non era riuscito a trattenersi:

«Lo sanno tutti che i terremoti non si possono prevedere, e se davvero venisse una scossa così forte, ingoierebbe pure voi e le vostre cavolate!».

«Che succede qui fuori? Ci risiamo?!?»

Era calato il silenzio. Filippo in piedi, Viola ancora con le mani sul pavimento polveroso, Tommaso e il suo branco paralizzati. Era l'effetto che faceva la professoressa Spezzaferri soltanto comparendo.

«Dentro, e in posizione!» aveva ordinato, agitando il suo flauto di metallo scintillante in direzione della porta.

Adesso non si scherzava più.

Aveva inizio la prova definitiva, quella che avrebbe stabilito chi avrebbe partecipato al concorso e chi no.

A dare il via erano stati proprio gli archi.

Filippo era molto concentrato, ma l'insegnante li aveva interrotti quasi subito con un sonoro: «Stop!» e aveva indicato i fiati. Li dirigeva disegnando cerchi nell'aria col flauto d'argento, che poi aveva puntato verso il suo pupillo.

Tommaso era il più bravo flautista che quella scuola avesse mai visto in anni di storia, e la professoressa

Spezzaferri sembrava avere occhi solo per lui. Eppure anche la sua performance era durata molto meno del previsto.

"Allora non siamo noi archi il problema" aveva pensato Filippo. "C'è qualcosa che non va".

«Ora tutti gli strumenti insieme. Velocemente!»

Filippo si era accorto di moltissime imprecisioni. Dal suo violino erano usciti i soliti due o tre fischi. Nicolò, il suo compagno di leggio, per un paio di secondi aveva persino smesso di suonare, distratto dai disegnetti che aveva la mania di fare sullo spartito. Si aspettava che di lì a poco la voce della Spezzaferri avrebbe spettinato i capelli di tutti come un ciclone. E invece aveva incrociato le braccia in segno di "stop", dicendo che la prova era terminata e che potevano andare.

Tredici minuti di anticipo, non una seconda prova, non una correzione, nessun verdetto.

«Va bene così, bravi tutti. Via, fuori!» aveva esclamato.

"Bravi tutti?!?"

Filippo, alla fine di quella prima notte in macchina, riuscì finalmente a spiegarsi il comportamento della professoressa durante quell'ultima prova. La prof aveva paura che potesse succedere qualcosa di brutto mentre erano tutti là sotto, al piano -1.

Cap. 4

LE COSE DA SALVARE

Le notti in macchina furono prima due e poi tre.

I sedili alla lunga diventavano scomodi. Filippo stendeva le gambe, poi si metteva su un fianco. Aveva freddo e a poco servivano le coperte, gli abbracci calorosi della zia Enrica e l'aria calda che azionava suo padre. Si dorme in un letto, mica in un'automobile.

Era come stare in una prigione. Non c'erano sbarre, eppure lui si sentiva intrappolato.

Quando i criminali vengono arrestati, li rinchiudono in una cella con pochissimo spazio. Nel caso della sua famiglia qualcuno li aveva chiusi fuori, con tantissimo spazio a disposizione: strade, parcheggi, campi tutt'attorno di cui però non sapevano che farsene. Avrebbe voluto evadere, come in quel film in cui il detenuto scava un tunnel nel muro della cella con un cucchiaio rubato in mensa.

Filippo non aveva mai pensato a quanto fosse strano non poter rientrare nella propria casa. Come se a un cane venisse sbarrata la cuccia. Per istinto, di sicuro proverebbe a scardinare il lucchetto col muso e coi denti, per riprendersi quello spazio familiare che gli apparteneva da quando era nato.

Un vigile del fuoco veniva la mattina ad aiutarli a recuperare il necessario per il giorno dopo, e poi per quello dopo ancora. La mamma lo seguiva nelle operazioni, gli elencava cosa prendere e gli indicava dove; papà faceva lunghe telefonate e poi li aggiornava.

«Sono crollati i palazzi con gli uffici, le chiese, una parte dell'ospedale».

«E i malati?» domandò Filippo, a cui sembrò terribile che potesse crollare persino un ospedale.

«La città è distrutta. Stanno allestendo le tendopoli» continuò il papà come se non avesse sentito la sua domanda. «Poi dovranno controllare tutte le abitazioni rimaste in piedi, anche quelle che all'apparenza non hanno subìto danni. Passerà un sacco di tempo, e noi nel frattempo dovremo dormire in una tenda con altre persone. Rientrare in casa è vietato».

Filippo sapeva che, oltre a quelle, c'erano altre notizie, qualcuna proprio brutta, ma cercava di non fare troppe domande. Restava per la maggior parte del tempo fuori il cancello, seduto sui gradini esterni del giardino, a pochi metri dalla macchina, ed elaborava le informazioni che aveva raccolto.

C'era stato un terremoto. Parlavano di sei gradi virgola qualcosa. Per lui erano soltanto numeri che, da quanto aveva capito, significavano che era stato davvero fortissimo. Si sfiorava spesso la caviglia e ne misurava il gonfiore con la mano, come se pochi minuti fossero sufficienti a notare miglioramenti.

Era sempre più convinto che fosse soltanto una brutta storta. Aveva fatto bene a non allarmare i suoi genitori, che non si erano ancora del tutto ripresi dalla paura di perderlo. Li vedeva trasformati, spaventati da tutto. Non avevano ancora mai parlato tutti insieme della caduta, del crollo. Chissà quanto dovevano essere stati in pensiero per lui.

Quando si voltava a guardare casa sua, la trovava come prima. Sapeva bene che era un'illusione, perché all'interno era distrutta, o quasi. Non avrebbe saputo dire con precisione dove fosse scivolato il divano o quanti bicchieri fossero rotolati giù dalla credenza, ma l'idea che si era fatto era quella di una bomba esplosa in salotto.

«C'è qualcosa che vuoi recuperare dalla casa?»

Zia Enrica era sempre lì con lui, come se lei non ce l'avesse una casa da controllare, degli oggetti lasciati all'interno.

«Grazie, zia, ho tutto quello che mi serve. E tu?»

«Anch'io».

Il vigile del fuoco aveva già riempito due borse di vestiti, dentifricio, spazzolino, giaccone pesante, ma non era a quello che si riferiva Filippo.

Era accaduto tutto così velocemente, che ricordava

pochissimo di quei momenti, ma qualcosa non gli quadrava.

«Filo, perché sei tornato indietro?»

«Quando?»

«Mentre tutto tremava. La mamma mi ha raccontato che dalla porta di casa sei tornato in salotto. Perché?»

Filippo riavvolse il nastro agli attimi prima della caduta, e la scena cambiò.

C'erano i suoi genitori davanti al portoncino. Sua mamma chiamava: «Filo!». Il tremore non accennava a placarsi e lui doveva recuperare la mappa scivolata fuori dalla custodia del violino.

Guardava la sequenza di immagini in movimento come se non l'avesse già vissuta. Ora stava raggiungendo i suoi genitori col foglio in mano, quindi non più nella custodia. La sua versione dei ricordi cambiava di continuo.

«Non dirmi che...»

Si alzò di scatto, aprì il portabagagli dell'auto e tirò fuori la grossa custodia nera. Controllò la tasca esterna. Affondò la mano alla ricerca di qualcosa che non trovò.

«Stai tranquillo, il violino è sano e salvo».

Non stava pensando a quello.

Cercò di ricostruire. Istanti di buio; l'atterraggio sul divano; il sottofondo assordante, come di un treno vicinissimo; pezzi che gli cadevano addosso; la tosse che non riusciva a calmare; il black-out.

Poi quella voce femminile, e il vigile del fuoco.

E la mappa?!?

Si mise le mani in tasca, ma non poteva essere lì. Perché quella notte aveva il pigiama e il suo pigiama non ce le ha le tasche. L'aveva persa.

Cap. 5

FRA LE GRANDI TENDE BLU

Tutti parlavano delle tendopoli. In quei pochi giorni pare ne avessero allestite già cinque in diversi punti della città. Ci si poteva recare a quella più vicina, così dicevano. La voce passava di bocca in bocca, viaggiava attraverso brevi telefonate ai contatti in rubrica, anche quelli che avevano litigato e non si sentivano da anni. Nulla sembrava contare di più rispetto a ciò che era successo alla città e ai suoi abitanti, nessuno escluso.

Quel passaparola, oltre ad avere qualcosa di bello che Filippo non sapeva definire, era più efficace di qualunque annuncio alla radio o alla TV.

"Ma come sono fatte queste tendopoli?" si chiedeva lui.

Si immaginò una specie di campeggio simile a quello che aveva fatto l'estate prima con gli scout. Dormivano in una tenda grande come un buco per lombrichi. Le notti ventose pareva di stare dentro a una mongolfiera. Si svegliavano di colpo e, per evitare che decollasse, si mettevano stesi a terra e formavano un triangolo coi loro corpi lungo il perimetro. Visto che il bagno non esisteva, ognuno si era scelto un cespuglio non troppo vicino, per evitare lo spiacevole inconveniente della puzza volante, e poi si lavavano nel fiumiciattolo.

Si era divertito da matti, più per la compagnia che per la sistemazione. Perciò l'idea di dover affrontare un lungo periodo fra cespugli, insetti e puzze volanti insieme ai suoi genitori, alla zia Enrica e a chissà chi altro non lo faceva proprio impazzire dalla gioia.

La tendopoli più vicina era al campo da calcio, ed era lì che erano diretti.

Appena arrivarono in cima alla strada, i suoi genitori e la zia iniziarono la discesa verso l'ingresso, in direzione di una tenda bianca con scritto in alto: "Accoglienza - Informazioni".

Filippo invece restò immobile a guardare davanti a sé: decine e decine di tende blu che, viste tutte insieme, sembravano un mare profondo. Non pensava che un campo da calcio potesse contenerne così tante. D'altronde, perché avrebbe dovuto domandarsi quante tende può contenere un campo da calcio? Erano tutt'altra cosa rispetto a quelle del campo scout: grandi, all'apparenza molto stabili, allineate a formare lunghe file a perdita d'occhio.

«Palla!» Un gruppetto di ragazzini lo fissava da laggiù.

«Ehi, ci rimandi la palla?»

«Apri gli occhi, è là!» aggiunse uno alto almeno il doppio degli altri. Doveva essere anche molto più grande di età.

Filippo seguì la direzione del braccio del ragazzo, che indicava un punto alla sua destra.

«Non là. Là!»

«*Là* è uguale a *là*. Non puoi essere un po' più preciso?» gridò con le mani a megafono.

«Là...»

Non poteva crederci. Quel tipo gli stava chiedendo di recuperare una palla che lui non vedeva, e l'unica indicazione che sapeva dargli era la parola *là*.

«Chiudi gli occhi, riaprili e la vedi» aggiunse, quasi fosse una specie di magia. «Dai, sta sopra a quei ferri vecchi!»

Finalmente individuò la palla appoggiata su un mucchio di tubi e tavole. La raggiunse. Sarebbe bastato un colpetto di piede a farla rotolare giù per la discesa fino a loro. Invece la raccolse. Era di quelle leggere, che vanno sempre da tutt'altra parte rispetto a dove le calci.

Iniziò a camminare accelerando il passo fino ad accennare una corsetta. Non sentiva il peso del violino sulle spalle. Teneva la palla davanti a sé con entrambe le mani. Era più grande della sua faccia e la copriva quasi completamente. Quelli laggiù non potevano vedere il sorriso che, passo dopo passo, gli si allargava fino agli occhi. Né potevano sapere che, da tre giorni, era la prima volta che rideva. Però potevano immaginarlo perché lo avevano vissuto. Pur senza conoscersi, c'era già qualcosa che li accomunava. Qualcosa di davvero forte.

«Pensavo fosse per via della distanza e invece sei proprio piccolo. Cosa ci tieni là dentro?»

«Il violino» rispose Filippo, e dal silenzio generale intuì che forse quello non era l'argomento giusto per attaccare bottone. Così domandò:

«C'è un posto qui per fare una partita?».

«Là!»

"E dove se non *là*?" pensò divertito.

«Volate più veloci del vento!» esclamò poi, prima di fare uno scatto.

Gli altri gli andarono dietro. Filippo accelerò per non perdere terreno, lasciandosi alle spalle la paura, il senso di solitudine, l'ansia per la mappa scomparsa, il concorso di musica. Non vedeva l'ora di fare una partita di calcio. Peccato che non avesse la minima idea di quello che lo aspettava.

Arrivati in fondo, si piegarono tutti a riprendere fiato con le mani sulle ginocchia.

Filippo aveva male alle spalle. Si tolse la custodia e la appoggiò su un ciuffo d'erba vicino a una delle ultime tende. Davanti a lui l'enorme porta. Era grandissima, non come quella che delimitavano con due pietre a terra quando giocava con i vicini di casa.

«Ci sarà un'unica porta per entrambe le squadre» ricominciò a parlare sempre il più grande. «E l'area di gioco la segneremo con questo». Tirò fuori dalla tasca un rotolo

SANTOS

di nastro bianco e rosso, lo stesso che Filippo aveva visto al confine delle zone vietate.

«Ci saranno due portieri nella stessa porta contemporaneamente. Uno sarò io e l'altro verrà scelto dalla squadra avversaria. Lo scopo è fare gol. Quello dei portieri invece è di non ammazzarsi a vicenda né per parare i tiri né per aiutare la propria squadra a segnare».

«Io in porta non ci voglio stare, Mirko mi spaccherebbe in due» intervenne uno che poteva fare la prima o la seconda media.

«Mi ci metto io in porta».

Filippo aveva un tono di sfida che fece ridere tutti, perché detto da lui sembrava una prova di sopravvivenza senza speranza: cinque centimetri di altezza in meno rispetto alla media, gambe e braccia magre come le zampe di un grillo, e occhi azzurri che erano la sua arma. Quando si metteva a supplicare, con quello sguardo compassionevole riusciva a ottenere tutto. Ma di lì a poco avrebbe scoperto che con Mirko non funzionava.

Filippo si ritrovò con la sua squadra che perdeva zero a quattro, con un totale di dodici spintoni, una caduta a terra e un urlo improvviso nell'orecchio. Mirko continuava a ostacolarlo senza pietà, d'altronde era quello lo scopo. E allora cominciò pure Filippo, soltanto che i suoi attentati erano paragonabili ai tentativi disperati di una zanzara contro la pelle di un elefante.

«Così non vale!»

«Chi lo dice?»

«Le regole» ribatté Filippo. Insomma, dovevano pur esserci delle regole.

«Qua le regole le faccio io» ribatté il ragazzo. «Ricordatelo bene».

La partita fu un autentico disastro. Finì tredici a uno. Mirko parava tutto, e nemmeno Filippo riusciva a spiegarsi com'era riuscito a far entrare la palla del loro unico gol.

Arrivò la voce della zia Enrica, e con essa una botta di tristezza. Filippo avrebbe voluto continuare a giocare, e poco importava che stesse scendendo la sera. Proprio lui, Filippo il violinista, che trascorreva il 110% del suo tempo a studiare e a suonare in casa, adesso sperava di continuare a giocare a calcio. A raccontarlo non ci avrebbe creduto nessuno.

Zia Enrica nel frattempo aveva messo un piede oltre il nastro bianco e rosso. Lui si staccò dalla porta e, procedendo verso di lei, disse a Mirko:

«Hai vinto tu».

«Ce n'è di tempo per nuove sfide!»

Mirko era tornato nuovamente simpatico. Filippo non era certo che ci si potesse fidare di lui, ma ce n'era di tempo per scoprirlo!

«Mi ha fatto cadere cento volte, e poi mi ha tenuto per la maglietta per non farmi saltare, allora io lo spingevo quando la mia squadra tirava in porta, ma lui restava immobile come una pietra, e quando toccava a me parare, *SDENG!*, mi tirava un cazzottone ai fianchi e la palla entrava in rete».

La zia ascoltava preoccupata il racconto di Filippo.

«Ehi, Filetto, hai dimenticato questo».

«Ci sei andato vicino. Mi chiamo Filippo».

Zia Enrica li osservava sospettosa.

«Grazie per avermi riportato il violino» aggiunse lui.

«Noi siamo alla tenda 11, la prima della seconda fila» intervenne la zia.

Filippo la guardò con aria interrogativa. Col racconto della partita ci era andato giù pesante. Non si aspettava da lei quell'intervento che assomigliava a un invito.

«Io alla 33, è proprio due tende dietro» disse Mirko. «Stai attento!»

Filippo non capiva se la sua fosse una minaccia, oppure se si stessero solo scambiando le coordinate per ritrovarsi. La cosa gli provocava un misto di preoccupazione ed eccitazione, una sensazione che – si accorse – gli piaceva tantissimo.

Cap. 6

CHE DELUSIONE!

Filippo scrutò l'interno della tenda cauto, come un gatto che ispeziona una stanza mai vista prima. C'era un sacco di spazio, occupato soltanto da quattro letti vicini e altri due in fondo.

«E là chi ci dormirà?» chiese.

«Speriamo nessuno» rispose la mamma. «Non voglio dovermi preoccupare anche di trascorrere la notte con degli sconosciuti».

Filippo si distese sul letto con le mani incrociate dietro la testa. Non era affatto scomodo come temeva, e il telo blu sopra di lui sembrava un cielo senza stelle.

La mamma e il papà intanto tiravano fuori dalle borse i pigiami, gli asciugamani e la trousse con spazzolino, dentifricio e tutto il resto.

«Dov'è il bagno?»

«Le cabine rosse lungo il perimetro del campo» rispose la zia Enrica, che in quelle ore doveva aver fatto un bel giro di ricognizione.

«Ci andiamo insieme però» aggiunse la mamma. «E non

allontanarti più da solo come hai fatto oggi! Per fortuna la zia ti ha tenuto d'occhio. D'ora in poi dovrai dirci sempre dove vai. Qui non siamo a casa».

Sotto al tendone-mensa le persone stavano sedute sulle panche davanti a lunghe tavolate di legno. A una prima occhiata poteva sembrare una di quelle serate di paese dove a un certo punto inizia a suonare la banda, e le coppie vanno al centro a ballare il liscio. Ma non c'era aria di festa.

Filippo si staccò dalla fila con uno scatto dopo aver recuperato piatti e posate di plastica.

Una donna mescolava i tortellini in bianco nella grande vasca di metallo, e quelli diventavano sugosi e invitanti. Filippo se ne fece riempire un bel piattone, chiese anche una cotoletta di pollo, e poi tornò al tavolo.

«Come sono?» domandò la mamma affondando la forchetta a tradimento nel piatto di papà.

«Ehi, giù le mani dai miei tortellini, ladruncola!»

«Super! Mi sa che faccio il bis» commentò Filippo.

I tortellini erano il suo personale rimedio al malumore.

C'era stato un terremoto, si era preso un bello spavento, si era fatto male. Però, a ben pensarci, erano lì, loro quattro, insieme. Se era vero che erano cambiate molte cose, era anche vero che non era cambiata quella più importante: la sua famiglia.

E poi vide Mirko, qualche panca più in là. Aveva l'aria

di starsene per i fatti suoi. Accanto a lui c'erano un uomo e una donna. Era difficile capire se li conosceva, perché non ci parlava. Tirò fuori dalla tasca del giaccone un mazzo di carte e cominciò a passarsele da una mano all'altra con una velocità sorprendente. Sembrava che volassero e gli parlassero.

«Filippo!»

Era l'inconfondibile voce della…

«Prof!» esclamò lui, e per poco non saltò in braccio alla Spezzaferri.

«Come stai?» domandò lei, e poi, guardando i suoi genitori, aggiunse: «Come state tutti?».

Prima che qualcuno potesse risponderle, Filippo attivò la modalità *macchinetta* col racconto inarrestabile di tutti i pericoli che aveva corso.

La professoressa Spezzaferri era la persona più urgente da rivedere. Perché, come diceva spesso durante le prove, il tempo passava, e loro non potevano permettersi di perderne neanche un pizzico.

«Fra due mesi c'è il concorso, prof! All'ultima prova ho suonato bene, vero? Siamo tutti ammessi?»

La professoressa abbassò lo sguardo, come se la risposta che cercava fosse nascosta fra l'erba rada e i sassolini.

«Non lo facciamo, Filo».

«Come non lo facciamo! Siamo quasi pronti!»

Lei rialzò la testa.

«Filo, la scuola è crollata. I tuoi compagni di orchestra sono sparpagliati per le tendopoli. Qualcuno dorme in camper, qualcun altro starà pensando di andarsene».

Filippo rimase in ascolto di ciò che ancora nessuno gli aveva detto.

«Il terremoto è stato violentissimo. Le case, gli uffici, le scuole, l'ospedale, le chiese, i ponti… È rimasto poco in piedi».

Fra lui e la professoressa si era stabilita una connessione speciale inaccessibile da fuori.

«Sono morte tante persone. Ognuno di noi deve rimboccarsi le maniche e ricominciare da qualche parte».

«Forse proprio dal concorso, no?» intervenne zia Enrica, che non la conosceva se non per i racconti che le faceva il nipote di tanto in tanto.

«Non posso davvero» ribadì lei. «A giorni tornerò nella mia città. Qui non ho nessuno, lì ho la mia famiglia».

Fece una piccola pausa e poi concluse:

«Non sapete quanto mi dispiaccia dover porre fine a questa mia esperienza di insegnamento. Ma quello che è successo non mi lascia alternative».

«Ma non può andarsene!» gridò Filippo. Non riusciva a spiegarsi come mai tutto quello che avevano avuto, adesso non ce lo avevano più.

Subito la voce della mamma gli impedì di proseguire:

«Professoressa, comprendiamo la sua decisione».

Non credeva alle proprie orecchie.

Comprendiamo la sua decisione?!? Ma cosa diceva la mamma? Era impazzita anche lei?

La professoressa, il concorso... Era tutto sbagliato!

Cap. 7

LA MISSIONE

Filippo sbucò dalle coperte, mise il giaccone sul pigiama e, a piedi scalzi, uscì dalla tenda. Sentì le guance diventare di ghiaccio. Un chiarore leggero lasciava intendere che non mancava molto all'alba. Le forme scure che lentamente si delineavano all'orizzonte lo rassicuravano. Erano le sue montagne, avrebbe saputo disegnarle a occhi chiusi. Le montagne sono come le persone che ti vogliono bene: ti osservano da vicino o da lontano, e tu lo sai che non se ne andranno mai.

Gli mancavano i suoi compagni d'orchestra. Gli mancava Viola e pure quello spocchioso di Tommaso. Chissà come l'avrebbe presa lui la notizia del concorso!

«Già sveglio?»

La zia Enrica era imbacuccata in un'orribile vestaglia di lana rosa. Si vedevano solo gli occhi e un pezzo di naso.

«Non riuscivo a dormire» rispose Filippo, mentre lei si sedeva a terra accanto a lui.

«Per la decisione della professoressa di mollare e andarsene?»

«No, la Spezzaferri ha ragione. Che lo facciamo a fare il concorso? Parteciperanno le scuole più brave d'Italia e poi arriviamo noi, che una scuola non ce l'abbiamo nemmeno più».

«Filo, non lo pensi davvero. So come ci si sente quando qualcuno ti toglie quello a cui tieni».

Lui scuoteva la testa. Non aveva molta voglia di parlare. Dopo il terremoto, la rinuncia al concorso e l'addio della professoressa erano stati colpi durissimi. Oltre che triste, si sentiva invisibile. La zia Enrica era l'unica che sembrava aver colto la sua delusione sotto al tendone-mensa. Peccato che nemmeno lei era riuscita a convincere la prof.

«A me non importa più un fico secco del violino. E poi non sono così bravo. Mi sa che smetto».

Filippo ripensò alla sua capsula del tempo, sotterrata nel campo dietro casa.

L'idea gli era venuta dopo aver visto quel servizio in TV in cui parlavano della sonda piena di oggetti, musica e filmati lanciata nello spazio, che tornerà sulla Terra fra mille o duemila anni e mostrerà ai terrestri del futuro come vivevano i terrestri del passato. A scuola in quei giorni ne parlavano tutti. In effetti era pazzesco, perché era una specie di memoria dell'umanità. Allora lui aveva costruito una capsula del tempo in cui lasciare le cose ormai passate, quelle che avevano fatto parte della sua vita, avevano esaurito il loro tempo, ma che non si buttano via. Forse la capsula era il posto giusto anche per Lino, perché non voleva sentire più la delusione che gli stava provocando in quel momento. Se avesse avuto la mappa con sé, ce lo avrebbe portato immediatamente. Senza, era davvero impossibile ritrovarla, ricordarsi il punto preciso in cui scavare.

«Faresti una cosa per me?» tornò a parlare la zia col solito tono entusiasta che Filippo in quel momento non riusciva proprio a spiegarsi. «Prendi il violino e lo porti qui? Ma senza svegliare mamma e papà».

Quando, poco dopo, Filippo tornò con la custodia, la zia tirò fuori Lino, e restò lì a osservarlo.

«Quanto tempo è passato dall'ultima volta...»

Poi si mise in posizione e iniziò a muovere il braccio con grazia.

Una melodia riempì il silenzio dell'alba. All'improvviso la vestaglia di lana rosa era diventata un meraviglioso abito da sera, e quel riquadro di terra davanti all'ingresso della tenda un palcoscenico prestigioso. Era incredibile! Peccato che durò troppo poco.

«Nostro padre avrebbe tanto voluto farci studiare, ma non c'erano le possibilità. Così la tua mamma ha dovuto rinunciare all'università e io al violino».

«Suona ancora, zia!»

«Magari un'altra volta» disse lei, rimettendo con cura il violino nella custodia. «Lo capisco come ti senti, Filo, perché io, tanti anni fa, mi sono sentita allo stesso modo».

Adesso Filippo le credeva.

«E se facessimo cambiare idea alla prof?»

«Ci ho provato, Filo… Hai sentito cosa ha risposto. Mi è sembrata molto convinta della sua decisione».

«Ci hai provato tu, zia, non tutti noi».

«Noi chi?»

«Noi, la sua orchestra! Tutti insieme!»

Filippo notò un lampo attraversare lo sguardo della zia.

«E chi li trova tutti i tuoi compagni?»

«Li troviamo io e te».

Cap. 8

ALLA RICERCA DISPERATA

La zia camminava di gran passo fra le tende. Filippo faceva qualche scatto per recuperare la distanza. Qualcuno li salutava da una sedia di plastica bianca da giardino. Qualcun altro aveva da fare col bucato e metteva gli abiti ad asciugare sulle corde tese che tenevano stabile la tenda.

Era un buongiorno strano per Filippo, che sentiva sulle palpebre il peso di una nottataccia, e per tutti, che vivevano l'inizio di un'altra giornata senza casa. Però aveva un piano, con una probabilità di successo bassissima, ma comunque un piano.

«Abbiamo bisogno di energie!» disse la zia.

Filippo non se lo fece ripetere due volte: latte caldo con triplo zucchero e due cornetti al cioccolato.

«Facciamo presto ché abbiamo una missione da compiere fuori di qui».

«Zia, ma può funzionare?»

«Non lo so, Filo. Un terremoto è una cosa grossa. Chissà dove saranno, che pensieri avranno per la testa».

«Il concorso! Staranno pensando al concorso, zia!»

«Lo spero, Filo».

Zia e nipote uscirono dal campo e percorsero la strada a piedi fino alle loro case.

Filippo si avvicinò alla finestra del piano terra da cui era uscito insieme al vigile del fuoco. Dal buco si intravedevano mucchi di macerie nella penombra e, nell'angolo lontano della stanza, la scala che conduceva a ciò che restava del primo piano. E quindi anche alla sua stanza.

Ricordava ogni minimo dettaglio. Si era arrampicato sulla sedia, aveva aperto *L'isola del tesoro*. La mappa... ma sì, l'aveva copiata! Quindi ce n'era un'altra! Ed era lì, al suo solito posto! Come aveva fatto a non pensarci subito?

La voglia di saltar dentro per riprendersi la mappa era più forte della preoccupazione di tagliarsi coi vetri.

«Filo!»

Si voltò di scatto. La zia Enrica era a bordo della moto e teneva in mano il casco per lui.

«Salta su!»

Poteva fare una corsa per le scale, arrivare non si sa come alla sua stanza, recuperare la mappa, fare la strada a ritroso e uscire. Ma la zia lo avrebbe certamente inseguito, acchiappato e riportato in tendopoli. E addio, missione.

"Ok, non adesso" pensò e raggiunse la zia, che gli agganciò il casco.

Poi Filo salì dietro di lei e partirono.

L'aria fredda si infilava dappertutto: sotto ai vestiti,

persino dentro le scarpe. Gli dava un senso di libertà. Era come se avesse ripreso a respirare dopo giorni di apnea.

La zia prendeva buche su buche. A un certo punto frenò così bruscamente che per poco non finirono a terra, e poi ripartì come se niente fosse. Filippo si teneva ben saldo al giaccone da motociclista che non le vedeva addosso da un pezzo. Ormai conosceva la sua guida spericolata che, insieme all'incognita della missione, rendeva quella giornata iper-wow.

Davanti a loro si era formato un ingorgo di automobili. Era pieno di polizia e c'era una camionetta militare a impedire l'accesso a via XX Settembre.

Se la zia avesse anche solo immaginato cosa si sarebbero ritrovati davanti, avrebbe cambiato strada. Ma era troppo tardi. Sembrava lo scenario di un videogioco in cui il protagonista va in giro per la città tenendo fra le mani armi in grado di sbriciolare le case come biscotti. Al posto dei palazzi c'erano enormi mucchi di macerie. Quelli che erano rimasti in piedi non avevano più le pareti. All'interno si vedeva un tavolo apparecchiato per la colazione nella piccola cucina di qualcuno, una bicicletta verde abbandonata a terra. Filippo pensò che non era giusto guardare dentro le case degli altri.

"E dove sono adesso le persone che ci abitavano?"

Quando la visuale si aprì, si ritrovarono davanti lo stesso mare azzurro di tende del loro campo di calcio, ma molto più vasto. La zia fermò la moto e si tolse il casco. In fondo svettava la basilica di Collemaggio. Il tetto non c'era più, come se un aereo militare l'avesse bombardata. Fu dall'espressione della zia che Filippo si rese conto che stavano vivendo una vera e propria catastrofe.

«Questa è la tendopoli più grande. Qualcuno dei tuoi compagni d'orchestra dovrà pur esserci, no?»

«Sì, ma come facciamo?»

«Ci dividiamo. Tieni, questo è un mio vecchio cellulare. Chi per primo ne trova uno, chiama l'altro».

"Dividersi? Cercarli in quell'oceano di tende e persone sconosciute?" pensava Filippo.

«Ma tu, zia, nemmeno li conosci!»

«Chiederò a tutti. Mi sapranno pur dire se qui c'è qualche membro dell'orchestra giovanile dell'Istituto Comprensivo "Ottorino Respighi"!»

Lui la fissava sconcertato.

«Se hai bisogno, chiama! E se succede qualcosa ai nostri telefoni, ci vediamo comunque alle undici spaccate qui per fare il punto della situazione».

Filippo si fece coraggio e si tuffò in quel mare nuovo.

Si guardava attorno, alla ricerca di un dettaglio che potesse condurlo da qualcuno dei suoi compagni, ma dopo due ore ancora niente.

L'ora X stava per scattare ed era ovvio, almeno per lui, che quella loro ricerca non aveva alcun senso. E adesso... si era pure perso! Era circondato da tende disposte su file che si incrociavano e sembravano tutte uguali.

"L'ingresso era da quella parte o da quell'altra?" cercava di orientarsi. "Forse di là... No, non ricordo più da dove sono passato".

E poi, all'improvviso, vide Viola. Era seduta a gambe incrociate su un telo colorato steso a terra. Stava strimpellando con la sua chitarra. Corse da lei e la abbracciò fortissimo.

Lei restò immobile per non spezzare quell'abbraccio. Subito dopo, con lui ancora agganciato, trovò il modo di suonare una melodia che Filippo riconobbe immediatamente. Era quella del concorso.

Al punto di incontro trovarono la zia Enrica che teneva per il braccio un ragazzo che si dimenava.

«Il signorino si rifiuta di parlare, ma sa qualcosa».

Lui alzò la faccia e lo riconobbero.

«È Marcacci!»

«Quando lo dirò ai miei genitori, vi ritroverete in galera!»

Filippo e Viola scoppiarono a ridere.

«Caro Marcacci, ti avviso: o ti fermi, oppure i tuoi genitori non li rivedrai».

Marcacci si fece ingannare dal tono minaccioso della zia, che invece era una che non avrebbe fatto del male neanche a un brutto ragno.

«La Spezzaferri non intende più partecipare al concorso, ma noi possiamo farle cambiare idea» disse Filippo tutto d'un fiato, guardando Viola negli occhi.

«E come?»

«Insieme, Viola!»

Nel silenzio che occorreva a Viola per realizzare, intervenne la zia Enrica:

«Questo Marcacci suona bene?».

«Suonerò il campanello degli avvocati di mio padre, e vedrete!»

«Diciamo che non è proprio Stravinskij... È l'amico del pupillo della Spezzaferri».

Alla zia Enrica si illuminarono gli occhi.

«Allora, caro Marcacci, ti conviene fare in modo che domani alle dodici in punto il tuo amico si faccia trovare all'ingresso della tendopoli di Preturo».

«È chiaro, mezza pulce?» si accodò Viola, che nel frattempo si era avvicinata a lui.

«Ve la farò pagare cara!»

«Come? Non ho capito bene. Puoi ripetere?»

«Ok, ho capito. Lasciami andare! Tommaso, ore dodici alla tendopoli... Uffa... di Preturo!»

Marcacci adesso annuiva in modo frenetico.

«Viola, tu cerca di radunare più compagni d'orchestra che puoi. E di' a ognuno di loro di fare lo stesso. Dobbiamo essere in tanti».

Filippo adesso ci credeva.

Forse era ancora tutto possibile.

Cap. 9

QUELLI DI SEMPRE

«Ci saranno, vedrai» gli sussurrò la zia nell'orecchio mentre facevano colazione.

«Cosa confabulate voi due?»

Filippo sgranò gli occhi e arricciò le labbra.

«E dove siete stati ieri per tutta la mattina?» proseguì la mamma. «Posso saperlo, oppure intendete continuare a nascondermelo?»

Se avesse anche solo immaginato che Filippo era rimasto da solo per ore, in una tendopoli gigantesca, sarebbe diventata rossa dalla rabbia e avrebbe buttato fuori fumo dalle orecchie come una locomotiva.

Lui prima minimizzò con un gesto della mano, e poi pronunciò qualche parola incerta per guadagnare tempo. Per fortuna dalle casse attorno al tendone-mensa iniziarono a risuonare note familiari che lo salvarono da quell'interrogatorio.

Radio Libera 1, la piccola emittente che da anni raccontava la città ai suoi abitanti, dal giorno dopo il terremoto aveva deciso di trasmettere l'*Inno d'Italia* tutte le mattine.

Un cane avanzava a passo lento e claudicante verso il centro dello spiazzo; si accucciò e prese a ululare col muso al cielo. Aveva tutta l'aria di portare molto rispetto all'*Inno*. Lo interpretava in modo così convincente che le persone, dopo qualche istante, cominciarono a cantarlo.

Fra gli applausi finali, Filippo vide sfrecciare Mirko, che si accucciò accanto al cane e lo abbracciò. Allora, d'istinto, lo raggiunse.

«Hai sentito che bravo Arturo?»

Mirko si lasciava sbavare tutta la faccia.

«Te lo ricordi, vero, Arturo? Si vedeva spesso per il corso. Ora lo hanno adottato quelli della Protezione Civile e lo tengono in tendopoli. All'alzabandiera, appena parte l'*Inno d'Italia*, si mette al centro e lo canta. È incredibile!»

Filippo annuiva, ma aveva la testa da un'altra parte.

«Ehi, hai una faccia... Stai bene?»

«Sono preoccupato».

«Perché?»

«Per una cosa che non capiresti».

«Pensi che sia stupido? Guarda che ho vissuto quasi due vite rispetto a te».

«Dipende da che vite sono state».

Filippo non voleva offenderlo, ma ci era riuscito benissimo. In un attimo si ritrovò con la schiena a terra e Mirko sopra, con l'indice a due millimetri dal suo occhio destro.

«Delle mie vite non sai proprio un bel niente!»

Poi, risollevandosi, disse:

«Ricordati, Filetto, che non esisti solo tu, esiste pure la tristezza degli altri. E se qualcuno ti chiede se stai bene, lo fa per te».

Filippo si fece piccolo piccolo, mentre Mirko cominciava ad allontanarsi.

«Aspetta!» lo chiamò.

Mirko si fermò e si voltò.

«Se i miei compagni d'orchestra non verranno all'appuntamento delle dodici, ammesso che Viola e Marcacci siano davvero riusciti ad avvisarli tutti, non si farà nessun concorso».

«Ehi ehi, Filetto, riavvolgi il nastro e ricomincia! Chi sono Viola e Marcacci? Di che concorso parli?»

Man mano che le parole si susseguivano, Filippo sentiva la preoccupazione staccarsi da lui e lasciarlo più leggero, come se Mirko ne prendesse di tanto in tanto un pezzo e lo tenesse per sé.

Alcuni suoi commenti non gli piacquero granché, soprattutto quando aveva definito la Spezzaferri una fifona, solo perché aveva scelto la strada più semplice, cioè andarsene.

Comunque ebbe la sensazione che la sua storia e quella dei suoi compagni gli interessasse davvero. Se ne convinse quando, a dieci minuti dall'ora X, ad aspettare erano in tre: lui, la zia e, appunto, Mirko.

Le nuvole scure facevano a gara a coprire il cielo, e

sulla tendopoli calò un'ombra che non lasciava presagire nulla di buono.

Filippo iniziava a pensare di essere stato uno scemo a credere che il suo desiderio fosse anche quello di tutti i suoi compagni.

E poi la vide, e non era la prima volta. Era una ragazza dai lunghi capelli biondi che si ritrovava attorno di continuo. Sembrava che fosse sempre lì per caso: in fondo la tendopoli non era poi così grande, poteva capitare di incontrarsi anche più volte. Ma c'era qualcosa di strano. Sì, perché a pranzo e a cena non c'era mai. Forse non si era trasferita in quella tendopoli, ma allora che ci faceva tutti i giorni lì?

Poi arrivò la voce di Mirko:

«Ehi, ma quanti sono!».

Filippo si voltò verso la cima della salita e riconobbe Nicolò, il suo compagno di leggio, con la madre accanto. Dietro di lui c'erano Alessandra e Gianmarco. Poi Leonardo, Marianna, Roberto, Betty, Riccardo. Formavano un serpentone che continuava ad allungarsi: Andrea, Sara, Manuel, Eleonora, e poi Viola, e ancora altri.

Quando furono tutti attorno a lui, coi loro strumenti, Filippo capì che, più di ogni altra cosa, contava rivedersi, riabbracciarsi, prendersi qualche minuto per tornare quelli di sempre.

«Ce l'abbiamo fatta?»

«Non direi» rispose Viola. «Tommaso non ne vuole sapere».

«E perché?»

«Sta con la famiglia in un camper, parcheggiato fuori casa sua. Marcacci dice che lo ha quasi cacciato via».

«Alla faccia dell'amicizia!»

«Non mi convince, Filo».

«Hai ragione. Tommaso non rinuncerebbe mai al concorso. E poi ora che la Spezzaferri vedrà che manca proprio lui...»

«Ma ci sono gli altri. Ci siamo tutti noi».

La zia tornò poco dopo con la professoressa Spezzaferri sottobraccio. "Così la può sostenere in caso svenisse" pensò Filippo. La professoressa, davanti al loro roboante entusiasmo, riuscì a malapena a farfugliare qualcosa, mentre piangeva e rideva insieme.

«Siete pazzi, siete proprio dei pazzi...» ripeteva.

«Prof, vogliamo partecipare al concorso» disse Viola.

«Cari ragazzi, ne ho già parlato con Filippo. Io non rimarrò qui. E poi il concorso, in questa situazione così drammatica...»

La zia Enrica le mise una mano sulle spalle.

«Rina, li guardi... Sono stupendi, non trova?»

L'altra annuì.

«Be', se sono tutti qui, è perché credono in lei. Vuol dire che ha fatto davvero un ottimo lavoro».

La professoressa si lasciava cullare dalle parole della zia Enrica, scansando qualche lacrima dal viso.

Filippo si avvicinò a Viola e poi ripeté le sue parole ad alta voce:

«Prof, vogliamo partecipare al concorso!».

«Lo vogliono davvero, Rina».

«E vogliamo farlo con lei» concluse Filippo.

«Allora» iniziò a parlare la prof, e tutt'attorno si diffuse un silenzio impensabile, considerata la folla. «Sentirvi motivati è ciò che vi ho sempre chiesto in aula. Ed è innegabile che voi di motivazione oggi ne abbiate da vendere».

Lasciò passare qualche istante per riprendere fiato e riflettere.

«Aaah, al diavolo il terremoto!» disse poi in un soffio, cambiando espressione, come se si fosse liberata di un peso con un calcio.

«Adesso, statemi bene a sentire! Pretendo massima puntualità tutti i giorni, nessuno escluso, e impegno. Siamo o no un'orchestra? E allora suoniamo! Abbiamo un concorso da vincere».

La gioia esplose in grida e salti. Filippo sentì il pugno

deciso di Mirko sulla spalla. Poi abbracciò la professoressa per primo, e subito si sentì travolgere da un'onda di corpi.

Due uomini della Protezione Civile avevano svuotato una tenda in fondo al campo, nell'area dove il primo giorno Filo e Mirko avevano giocato – si può dire anche combattuto – la loro prima sfida. L'orchestra dell'Istituto Comprensivo Musicale "Ottorino Respighi" adesso aveva una sala prove.

Quel giorno i ragazzi iniziarono a scaldare gli strumenti. Quel disordine di suoni era mancato tantissimo a tutti loro.

La prova andò avanti fino al tardo pomeriggio e si rivelò un totale disastro. Quei pochi giorni di stop li avevano fatti tornare al punto di partenza.

Ogni tanto la professoressa indicava la posizione che di solito occupava Tommaso, e partivano gli altri flauti. Tutti avvertivano la sua mancanza, inclusa la Spezzaferri, che però non lo nominava mai.

Un tuono e poi un altro rimbombarono a distanza di pochi secondi. Il vento faceva rombare la tenda. I primi genitori comparvero a riprendere i figli e a portarli ognuno alla propria tendopoli.

«Se domani alle dieci del mattino non vi trovo qui, salta tutto!»

Non importavano tuoni, lampi, venti, tempeste e terremoti, anche la professoressa era tornata la Spezzaferri di sempre.

Mirko aveva assistito a tutte quelle ore di prove seduto in un angolo. Aspettò che Filippo salutasse i suoi compagni, e poi andarono via insieme.

«Non sembrate male, ma che noia la roba che suonate!»

«La prossima volta facciamo Fedez, così sei contento».

«Stasera va bene se ceno al tuo tavolo? Non ho voglia di stare coi miei».

Filippo non rispose. Aveva rallentato il passo.

Ancora *lei,* che lo seguiva dappertutto. Aveva una felpa nera con la zip chiusa fino al mento, dal colletto spuntavano i capelli biondissimi. Era a distanza di una tenda da loro e li guardava. Chi era? E cosa voleva da lui?

Cap. 10

RICONOSCERSI

«Ciao» esordì Filippo, abbozzando un sorriso imbarazzato.

Non era da lui attaccare bottone con una ragazza più grande, ma parlarci era l'unico modo per scoprire quali fossero le sue intenzioni.

Lei li osservava da una certa distanza. Aveva un'espressione infastidita. Non pareva intenzionata a rispondere.

«Perché sei qua fuori?»

«Scusa, non posso?!?»

Appena sentì la sua voce, Filippo ebbe la sensazione di conoscerla.

«Sì, ma proprio fuori la tenda prove? E tutte le altre volte che ci siamo incrociati, diciamo "per caso"?»

«Capita!»

«Tu non abiti nella nostra tendopoli, vero?»

«In effetti io non ti ho mai vista» intervenne a quel punto Mirko. Sembrava piacevolmente colpito dalla presenza di quella ragazza e anche dall'intraprendenza di Filippo.

«Ok, è stato un piacere, ragazzi. Ne parliamo domani» tagliò corto lei.

«Parliamo di cosa?»

Quella voce... Filippo non riusciva a togliersi dalla mente l'idea che l'avesse già sentita da qualche parte. Ma dove?

«Avete suonato molto più a lungo di quanto pensassi, e adesso è tardi. Devo andare!»

"Cosa le importava di quanto tempo dedicassero alle prove?" pensò Filippo. «Aspetta!» esclamò poi, facendo un passo verso di lei. Lo stesso fece Mirko.

«Non posso. È tardissimo!»

Un tuono riecheggiò, e poi un altro ravvicinato. Filippo e Mirko fecero qualche altro passo nella sua direzione e, prima che potessero dire altro, lei si voltò e si mise a correre.

«Ehi, fermati!» gridò Filippo. Vide sfrecciare Mirko al suo fianco e subito partì anche lui all'inseguimento della ragazza misteriosa.

Filippo provava a stargli dietro, mentre la pioggia gli inzuppava i vestiti e gli ostacolava la corsa. Finché li perse di vista. Si fermò, non sapeva nemmeno lui in quale punto del campo. E si mise al riparo sotto alla tettoia di una tenda.

«Filo, raggiungimi!»

La voce di Mirko arrivava da lontano. Allora si rituffò sotto la pioggia.

«Dove sei?»

«Qui!»

Trovò Mirko che teneva la ragazza per un polso.

«Lasciami andare, gorilla!»

A Filippo scappò una risata. Se Mirko l'avesse liberata, lei sarebbe fuggita di nuovo.

E allora tornò alla carica con la solita domanda: «Perché mi segui?».

Lei si ostinava a non rispondere. Lo fissava con occhi grandi dello stesso azzurro dei suoi.

«Che cosa vuoi da me?» continuò lui.

La ragazza tentò di liberarsi strattonandosi, ma a liberarsi furono i capelli, che si incollarono sulle guance per via della pioggia.

«Ok, va bene. Se il gorilla molla la presa, ti spiego tutto».

Mirko sembrò in imbarazzo, come se si fosse accorto solo in quel momento di aver bloccato per un polso una ragazza. Allora la lasciò subito andare.

Lei scrutava ora Mirko, ora Filippo. Con la mano scansò i capelli dagli occhi. Era davvero bellissima.

La condussero alla tenda delle prove, che in quel momento era vuota, il luogo ideale per un interrogatorio improvvisato.

«Allora, mi dici chi sei?»

Lei, per tutta risposta, guardava Filippo con un'espressione intenerita e un po' schifata, quasi che a parlarle fosse un vermiciattolo.

«Parla, ragazzina!»

A quel punto esplose in una risata così forte che si dovette tenere la pancia.

«Scusa, ma "ragazzina", detto da te, suona piuttosto comico».

Filippo sentì un brivido che non riusciva a decifrare. Sì, la conosceva.

«Una gli salva la vita e lui che fa? Prima la insegue col suo amico *macho-man*, e poi la tratta come una criminale».

A Filippo mancò l'aria e dovette appoggiarsi al braccio di Mirko per non cadere. La notte della scossa, dall'altra parte del muro, ecco dove aveva sentito quella voce!

«Sei stata tu a trovarmi...»

«Ok, ma evitiamo momenti disgustosamente commoventi. Vuoi sapere cosa voglio da te... e anche da te?» domandò passando con gli occhi dall'uno all'altro.

Mirko sembrava assente. Faceva di sì con la testa imbambolato, come se avesse perso il filo da un pezzo.

«È una questione di vita o di morte. Come io ho salvato te, voi salverete... Lei!»

«Lei chi?»

«Domani, dopo le prove, verrete con me. E tu porta il violino!»

Filippo capiva sempre meno. Intanto lei si sistemò i capelli e tirò fuori il cellulare dalla tasca.

«Cavolo, sette chiamate perse. Mia madre ha finito il turno con la Croce Rossa quaranta minuti fa».

«È un medico?» domandò Mirko.

«Più o meno: un paramedico. Sta sulle ambulanze, va dove ci sono le emergenze».

Si voltò verso Filippo e aggiunse:

«Quella notte l'emergenza era a casa tua».

Gli fece l'occhiolino e uscì dalla tenda senza che loro muovessero un dito. Poi ricomparve.

«Ah, io sono Diana».

«Io Filippo e...»

«E il gorilla è Mirko, so tutto. Ci vediamo domani, sempre che mia madre non mi abbia ammazzato prima!»

E sparì.

Cap. 11

LEI

Filippo, durante la pausa, uscì dalla tenda con il violino nella sua custodia in spalla. Chissà se Diana li stava tenendo d'occhio come sapeva fare così bene. Si aspettava di vederla sbucare da dietro qualche nascondiglio.

«Le devi un favore parecchio grosso» disse Mirko, che ormai faceva presenza fissa alle prove. «Stai tranquillo che verrà a prendersi la sua ricompensa».

La professoressa Spezzaferri concesse due ore per pranzare. Aveva deciso di mettere alla prova la loro resistenza, soprattutto in quei primi giorni.

«Andiamo?»

Mirko aveva un'espressione radiosa, come se qualcuno avesse premuto l'interruttore di una lampadina che gli illuminava la faccia.

«Mando Viola a raccontare ai miei una cavolata per non farli preoccupare» disse Filippo tornando indietro a caccia della sua amica, che fece un mucchio di domande. Non le bastavano le cose come stavano, al solito lei doveva sapere tutto di tutto. Ma in quel caso non era possibile, visto che neanche lui sapeva cosa avesse in mente Diana. Era così anche con la musica. Fra i tanti nomignoli che le aveva affibbiato Tommaso, oltre a *Violona,* il più gettonato era *Signorina Perfetti*. Persino Filippo, che le voleva un gran bene, faticava a trattenere le risate quando Tommaso la chiamava così.

«Oh ragazza, non mi sembra una cosa così complicata!» esclamò Diana, comparendo all'improvviso. «Devi solo andare alla tenda di Filippo e dire ai suoi genitori che non tornerà a pranzo perché la professoressa ha allungato le prove, oppure perché sono arrivati gli alieni e lo hanno invitato a bordo della navicella a degustare le specialità del loro pianeta. Pensaci tu! Noi dobbiamo andare. Lei ci aspetta!»

Filippo e Mirko fecero qualche passo nella sua direzione.

«Anzi, non ci aspetta per niente» concluse Diana fra sé e sé prima di iniziare a camminare verso l'uscita della tendopoli, lasciando Viola senza parole, a guardarli mentre si allontanavano.

Si fermarono in corrispondenza di una gradinata di pietre rotte che collegava lo stradone ai campi. Una volta in cima si aprì la vallata. Le abitazioni lasciavano il posto a vecchi capanni circondati da recinti di legno e alberi. Da lì pareva impossibile che bastasse svoltare l'angolo per ritrovare le strade trafficate, i semafori, i centri commerciali. Eppure era così.

“La mia città è proprio strana” pensò Filippo. “E bella”.

Oltrepassarono una casupola, che da fuori pareva una rimessa per gli attrezzi. Filippo si staccò da Diana e si avvicinò all'entrata. Il tetto era venuto giù e i calcinacci ricoprivano un trattore che occupava quasi tutto lo spazio. Alzò gli occhi e vide il cielo azzurro rischiarato dal temporale della notte, e molto in alto alcuni uccelli disegnavano orbite circolari. Rimase qualche istante a osservare quei due che lo aspettavano e chiacchieravano. Sembravano molto a loro agio.

Quando li raggiunse, ripresero a camminare fino a una costruzione di legno molto più grande. Diana spalancò la porta e Filippo si pietrificò.

«Ecco, vi presento Lei!»

Un'enorme mucca rossa, legata a una grata di metallo, li puntava da una distanza molto ravvicinata. Non appena Filippo fu alla sua portata, l'animale reagì con uno scatto improvviso avventandosi su di lui, che, cadendo di schiena, lanciò un urlo tra la sorpresa e il terrore.

E in quel momento fece irruzione Viola urlando:

«Lasciatelo stare! Cosa gli state facendo?».

«Cosa? Ma che vuole questa?» reagì Diana.

«Tutto bene, Viola! Ma... come mai sei qui?» chiese Filippo.

Viola li aveva seguiti: non voleva essere esclusa da quel misterioso segreto!

Intanto la corda della mucca si tendeva e allentava a seconda dei suoi movimenti.

«Suona!»

Diana era l'unica che non mostrava alcun segnale di preoccupazione.

«Suona adesso!» ripeté.

"Suonare cosa? Il violino? A due palmi dal muso di questa belva?" pensava Filippo.

La corda tratteneva i salti della mucca. Se fosse riuscita a liberarsi, li avrebbe ridotti a un purè.

«Ora noi ce ne andiamo di qui» Viola scandì ogni singola sillaba, sussurrando per non infastidire la mucca.

Filippo si sentì afferrare il polso dalla sua amica giunta in suo soccorso, ma fece resistenza. Guardava la mucca con la bocca serrata e la faccia pallida. Lei ricambiava colpendo il terreno con la zampa sinistra. A ogni strattone sbuffava.

«Senti, ragazzina, ora tu chiudi la bocca e lui tira fuori il violino e comincia a suonare. Mi hai capito, Filippo?»

«Fa' come dice!» lo incitò Mirko, che teneva ben saldo fra le mani un lungo rastrello puntato verso la mucca.

Filippo tirò fuori il violino dalla custodia, chiuse gli occhi e iniziò a suonare. Quando li riaprì, tutto era cambiato. La mucca non solo si era tranquillizzata, ma, a quanto pareva, stava anche apprezzando.

«Lo sapevo!» continuò Diana. «Mirko, avvicinale un po' di fieno col rastrello, io le riempio l'abbeveratoio».

Avrebbe potuto scaraventarli via con una testata, ma la mucca li lasciò fare senza perderli d'occhio. Infilò il grosso muso nel fieno e lo ricacciò indietro che masticava.

«Le mucche sono intelligentissime e adorano la musica. Lo sapevate?»

Il silenzio di Filippo era simile allo stupore dopo un numero di magia strepitoso.

Quello che era successo poco prima fra lui e la mucca era stato incredibile. Fra le mani non aveva più soltanto il suo violino, ma un'arma, che per la prima volta aveva sprigionato quel potere che Filippo sognava di vedere da sempre.

«È adorabile, non trovate?» continuò Diana mentre uscivano dalla stalla, col tono con cui ci si riferisce per esempio a un animaletto domestico.

«Come un'assassina, e pure tu! Visto che per poco non ci facevi ammazzare!» esclamò Viola.

Lei si limitò ad alzare gli occhi al cielo, come le veniva ormai spontaneo ogni volta che Viola apriva bocca.

«L'ho chiamata semplicemente Lei, se vi viene un'idea migliore glielo cambiamo».

«Ma chi se ne importa di come l'hai chiamata!»

«Filippo, fai tacere la tua amica, per favore?»

Lui la guardò e Viola sbuffò.

«Diana, dobbiamo segnalarla» intervenne Mirko.

«No! La sfamerebbero soltanto per farne delle bistecche!»

«Ma è pericolosa!»

«È spaventata».

La mucca Lei sembrava un discorso fra loro due.

«Il terremoto ha fatto del male anche agli animali. Molti sono stati abbandonati dai loro padroni» riprese Diana. «Lei non ha nessuno adesso, a parte noi».

«E non le stiamo neanche troppo simpatici, direi» intervenne Viola.

«Be', facciamole cambiare idea, no? In fondo non ci conosce».

«Non è un dolce cricetino. È una mucca gigantesca! Nessuno di noi sa cosa fare con una mucca!»

«Ma forse insieme... Vi ho portato qui per chiedervi di aiutarmi a salvarla».

«Io ci sto» disse Filippo.

«E tu, Mirko?»

Guardare Diana negli occhi era un errore mortale.

«Ok, ok. Allora salviamo la mucca! Evviva!» esclamò lui con tono ridicolo e rassegnato.

«Bene, adesso che siamo tutti d'accordo...»

«Manco io!» intervenne Viola.

Si voltarono tutti a guardarla.

«Puoi essere d'accordo anche tu e fare il giuramento,

oppure soccombere. Non possiamo permettere che tu vada a spifferare di Lei in giro» disse Diana prima di sputarsi sul palmo della mano. «Vedo che non parli, quindi deduco che sei d'accordo. Bene. Allora, ripetete con me: 'Io non parlerò di Lei ad anima viva, altrimenti morirò fra atroci sofferenze'».

Teneva la mano col palmo rivolto verso l'alto. A Mirko scappò un sorriso quasi impercettibile – era ovvio che alla fine aveva vinto lei – e si sbrigò a imitarla, per non perdersi la fortuna di quel contatto di mani.

«Che schifo è questo? Io non ci penso nemmeno!» esclamò Viola mentre anche Filo completava il giuramento.

«Vuoi che lo faccia io per te?»

Quella di Diana suonò come una disgustosa minaccia.

Viola prima mise il broncio e poi, con qualche difficoltà, fece colare un po' di saliva sul palmo della propria mano destra e, mentre recitava il giuramento, la avvicinò a quella di Filo, si fece forza e ce la incollò sopra.

Non si può dire che fra loro quattro fosse nata un'amicizia, ma almeno quel mondo terremotato lo avrebbero esplorato insieme. Così credeva Filippo.

Cap. 12

CHE SUCCEDE A TOMMASO?

La melodia degli strumenti sincronizzati si affievolì, finché nella tenda scese il silenzio.

Filippo guardò nella direzione in cui guardavano tutti. Tommaso era in piedi all'ingresso. Sì, proprio Tommaso! Bastò meno di un attimo perché i suoi compagni corressero da lui. Il Tommaso che conoscevano li avrebbe scacciati uno dopo l'altro, per poi indirizzare qualche frecciatina alle sue prede preferite. Invece subiva tutti quegli abbracci, ma non sembrava felice di rivederli.

Forse perché le cose erano molto diverse dal solito: suonare in una tenda, senza più la loro scuola, dopo un terremoto. O forse c'era qualcos'altro.

«Ehi, Tommaso, che bello rivederti! Ti aspettavamo» disse la professoressa Spezzaferri, scompigliandogli i capelli. «Dov'è il tuo flauto?»

«Non sono tornato per suonare, professoressa».

«Ma che gli è successo? Sembra uno zombie» sussurrò Viola a Filippo, che continuava a guardarlo concentrandosi sulle sue espressioni così diverse.

«I tuoi compagni si stanno esercitando per il concorso. Abbiamo deciso di partecipare lo stesso!»

La professoressa lo disse con un entusiasmo nella voce che di solito tratteneva. Tommaso le era mancato. Era mancato a tutti loro.

Si sentiva così tanto il vuoto che aveva lasciato, che non c'era stato bisogno di parlarne. Però adesso sarebbe cambiato tutto, perché lui era tornato. Sì, ma non per suonare, aveva appena detto.

«Mi dispiace, ma non posso. Volevo dirvelo di persona e salutarvi».

«Aspetta un attimo».

Adesso la professoressa Spezzaferri era inclinata in avanti e gli teneva il braccio, come se volesse impedirgli di sparire di nuovo.

«Vogliamo parlarne un po'? Che ne dici?»

Tommaso guardava in una direzione intermedia, fra gli occhi della professoressa e il terreno. Scuoteva il capo. Era un "no" incerto il suo, ma pur sempre un "no".

«Devo andare» disse.

Si voltò e raggiunse i suoi genitori che lo aspettavano fuori dalla tenda.

«Dieci minuti di pausa, riprendiamo dopo!» esclamò la professoressa, prima di andargli dietro e uscire con lui.

Quando rientrò, la prof aveva una specie di tristezza spalmata sulla faccia.

«Ragazzi, per oggi ci fermiamo qui... Recuperiamo domani, ok?»

No che non era ok.

«Prof, solo perché Tommaso è impazzito, dobbiamo andare via tutti?»

«Non è impazzito, Viola».

Lo sguardo della professoressa era arrabbiato, ma non con Viola. Era come se avesse qualcosa che bruciava dentro e che non poteva condividere con loro.

Filippo trovò la zia Enrica intenta a leggere sulla sedia da giardino. L'aveva posizionata in corrispondenza di una macchia di sole sull'erba. Teneva il libro incollato al naso e, con gli occhi ridotti a due spiragli, si sforzava di decifrare le righe di inchiostro sulla pagina.

«Zia, quando ti deciderai a mettere gli occhiali?»

«Quando non ti riconoscerò mentre mi parli. E tu come mai già di ritorno?»

«È ricomparso Tommaso, ti ricordi il pupillo della prof?»

«Certo! Questa sì che è una bella notizia!»

«Non proprio. Lei era felicissima di rivederlo, ovvio, solo che lui ha detto che non suonerà più con noi».

«E perché?»

«Non lo sappiamo, non lo ha detto».

«Che strano!»

«E la prof ha subito interrotto le prove».

«Sì, è molto strano...»

La zia Enrica lo guardava pensierosa.

«E il tuo amico torturatore, dov'è?»

«Con Diana. Sono impegnati».

«A fare che?»

«Nulla di importante».

Se ci fosse stata sua madre, a quel punto avrebbe dato il via all'interrogatorio del secolo. La zia invece chiuse il libro, si alzò e lo appoggiò sulla sedia. Erano sorelle, ma per alcune cose non si assomigliavano per niente.

«Vado a fare una passeggiata».

«Vengo anche io!»

Lei fece finta di non sentirlo e si allontanò senza aspettarlo. Era strano che la zia troncasse una discussione così, senza motivo. Sembrava pensierosa. Comunque qualcosa di buono c'era: il patto di sangue, anzi di saliva, della mucca Lei era salvo. Questo fece tirare a Filippo un sospiro di sollievo, anche se Mirko e Diana negli ultimi giorni parevano essersi completamente dimenticati di lui.

Cap. 13

VIOLA E BASTA

Filippo pensava di non rivederlo più, e invece Tommaso ricomparve l'indomani e il giorno dopo ancora, e così per tutti i giorni che seguirono. Non saltava una sola prova, ma non ne voleva sapere di suonare con loro. Non aveva mai il flauto con sé, e la cosa che Filippo proprio non riusciva ad accettare era la completa assenza di spiegazioni.

Durante le prove lo osservava con prudenza, quasi fosse un insetto che se ne sta immobile, e non sai se dorme o sta per volarti in faccia. La nuova versione di Tommaso – malinconica, silenziosa, senza sorriso – per quanto meno antipatica della precedente, lo preoccupava. Però, quando toccava ai fiati suonare, un'emozione gli attraversava gli occhi. Filippo la vedeva benissimo, era accecante come un lampo. Tommaso muoveva la testa al ritmo della musica e teneva il tempo con la gamba, ma era come intrappolato. C'era qualcosa che gli impediva di oltrepassare il confine che lui stesso aveva tracciato fra sé e la musica.

"Ma cosa?" continuava a domandarsi Filippo.

«Ehi, Filo, che hai?»

«Niente».

Viola negli ultimi giorni sembrava alla continua ricerca di scuse per agganciarlo. Si faceva trovare fuori dalla sua tenda, restava più del dovuto dopo le prove. Era talmente presente che Filippo a volte si dimenticava che Viola vivesse in un'altra tendopoli.

«Sei preoccupato per il concorso che si avvicina?»

«Non ho niente, Viola».

«Sei più andato alla stalla?»

«No, Diana dice che bastano loro due a occuparsi di Lei». Non aveva voglia di parlare. Si sentiva dimenticato da loro.

«Lasciali stare, meglio così».

Parlava facile Viola. Meglio per lei, forse. Era gelosa e lui lo aveva capito. Le dava pure un po' ragione. Da quando erano arrivati Diana e Mirko, Viola non era più in cima alla lista dei suoi pensieri. Quando una persona si dimentica di noi è difficile non accorgersene. Filippo non poteva certo pretendere che Viola non ci facesse caso. Quasi per uno scherzo del destino, dal momento in cui Diana e Mirko erano spariti Filippo era la persona che più poteva capire come si sentisse Viola. Ma lei, al contrario, non poteva capire lui. Che ne sapeva di cosa avesse provato guardando la mucca placare la propria furia al suono della sua musica?

«Al diavolo quei due e pure Lei» disse a quel punto Filippo solo per tagliare corto.

Il problema non erano Viola, Diana o Mirko. Era qualcosa di più grande e più suo. Era tutto insieme. Filippo era stufo. Gli mancava la sua vecchia vita. Avrebbe voluto varcare il cancello della scuola, passare davanti all'acquario del signor Bortolo, fermarsi a disturbarlo, scendere al piano -1 per l'ora di approfondimento orchestrale. E poi tornare a casa. Rientrare e ritrovarla com'era prima. Il salotto, la sua stanza, riprendersi la mappa e gettare il terremoto nella capsula del tempo per non ripensarci più.

«Riguardiamo le parti?»

Filippo non rispose.

«Le parti, Filo!»

«A te non serve riguardarle, sei già perfetta così, no?!?»

Gli dispiaceva per il tono che aveva usato con Viola, ma era già troppo tardi per rimediare, perché si era subito allontanato. In certi momenti creare una distanza era la soluzione più facile. Quasi mai, però, si rivelava la migliore.

Poco più avanti, un uomo con una grossa telecamera nera inquadrava una donna che indossava un abito così stretto che pareva sottovuoto. Si muoveva con difficoltà – i tacchi alti non erano l'ideale per il suolo sterrato – e parlava al microfono.

«I cittadini sembrano a loro agio in questa nuova quotidianità» diceva la giornalista ammiccando alla telecamera. «Adesso proveremo ad avvicinarne qualcuno. Saranno loro, gli abitanti della tendopoli, a dirci come stanno».

Filippo, dopo quelle parole, si sentì come un membro di una tribù indigena, di quelle che vivono isolate nelle foreste impenetrabili finché non vengono scoperte dagli uomini civilizzati.

«Io sono una giovane musicista!»

La donna sorrise. Viola l'aveva raggiunta e aveva attirato la sua attenzione.

«Come ti chiami?»

E le avvicinò il microfono alla bocca.

«Viola».

Nel frattempo si era formato un gruppetto di persone, fra cui qualche compagno d'orchestra. Filippo intercettò i loro sguardi che si parlavano a distanza. Erano convinti che a breve si sarebbero ritrovati a fare qualche memorabile dichiarazione davanti alla TV. Erano eccitatissimi!

«Vuole sentire come suono la chitarra?»

«Sì, accennaci qualcosa, cara Viola!»

La donna fece un gesto al cameraman come a dirgli di riprenderla bene.

Viola attaccò con le parti per il concorso che conosceva a memoria. Dimostrava una sicurezza che la faceva sembrare più grande dei suoi undici anni.

Filippo aspettava che si voltasse dalla sua parte per dirle con gli occhi di coinvolgere tutti i membri dell'orchestra, ma Viola non smise mai di fissare la telecamera.

«Viola, racconta agli amici che ci seguono da casa come fai a essere così brava!»

«Be', studio chitarra da tanti anni».

Era il momento perfetto per fare il nome della loro scuola. E poi di invitarli a fare un passo avanti, così da annunciare la loro partecipazione a un concorso nazionale per studenti. Peccato che Viola non fece nulla di tutto questo. Alzò lo sguardo, lo mantenne fisso su quello di Filippo, il tempo di fargli intendere che lo aveva visto e che era arrabbiata con lui, e poi tornò a parlare di sé. Soltanto di sé. Quando la giornalista la salutò, i suoi compagni se n'erano andati. È vero che aveva vinto tutta l'attenzione, ma era rimasta da sola.

Era andato via anche Filippo. Ne aveva fin sopra i

capelli di tutto. Ci mancava pure Viola con le sue manie di protagonismo. Davanti a lui l'ingresso e poi lo stradone. Un'energia di attrazione, come quella del Sole coi pianeti, lo chiamava fuori dalla tendopoli. Sentiva la paura vorticargli nella pancia. Poi tornò il vento. Filippo si fermò ad ascoltarlo. Era strano, e difficile da ignorare. Fastidioso come i campanelli sul balcone della zia Enrica il giorno della scossa che lo aveva fatto correre sotto al tavolo. Un vento con una forza tutta sua, che lo spinse avanti, a passi coraggiosi, fuori. Direzione: Lei.

Cap. 14

CERTI POSTI SONO DIFFICILI DA RAGGIUNGERE

«Ehi, stai attento, nano!»

Era la voce di Tommaso, ma non lo vedeva.

Non si è mai abbastanza pronti a un incontro inaspettato, e Filippo non poteva sapere che di forza quel pomeriggio gliene sarebbe servita molta più di quella necessaria ad affrontare una mucca brontolona. Lo trovò seduto su una roccia, dietro a un cespuglio.

«Che ci fai in mezzo alle spine?»

«Affari miei. E tu invece?»

«Dovevo cambiare aria altrimenti esplodevo».

«E non potevi andare da qualche altra parte a esplodere?»

Tommaso sembrava aver ritrovato i suoi modi di fare più odiosi. Da un certo punto di vista poteva essere rassicurante, ma Filippo aveva la sensazione che non gliela stesse raccontando giusta. Tommaso lo guardava con l'aria di voler tagliare corto e aveva un tono innaturale, quasi si stesse sforzando di sembrare convincente.

Ma che ci faceva lì, tutto solo e in quella posizione che

doveva essere scomodissima, con le gambe allungate in avanti e un po' piegate?

Filippo si avvicinò appena e lui si irrigidì.

«Un altro passo e ti ammazzo».

Di cosa aveva paura?

«Cosa c'è là sotto?»

«Niente, vattene!»

Filippo gli saltò addosso senza pensarci. Era l'idea più stupida che un essere umano della sua statura potesse mai avere, ma sapeva pure che non avrebbe avuto altre occasioni.

Tommaso avrebbe potuto sbarazzarsi di lui in un attimo, e se non lo faceva era perché forse aveva un altro obiettivo: proteggere il suo segreto. Cercava di tenerlo alla larga con qualche spintone, ma senza spostare le gambe di un millimetro. E Filippo ripartiva all'attacco. D'un tratto lo tirò per la giacca così forte che Tommaso perse l'equilibrio e scivolò su un lato. Uno scintillio inconfondibile arrivò agli occhi di Filippo.

«È il tuo flauto» disse con tono quasi deluso.

Si stavano prendendo a botte fra le spine soltanto per il suo flauto?!?

«Maledetto terremoto!» esclamò Tommaso e poi scoppiò a piangere.

Piangeva così tanto e fu una reazione così inaspettata che Filippo non sapeva cosa fare né cosa dire. Non sapeva nemmeno se avvicinarsi o restare a distanza. Tommaso prese il flauto fra le mani e lo mise sotto il suo naso, e Filippo capì tutto in un istante.

«Contento, nano? Adesso lo vedi bene?»

Il bellissimo flauto di Tommaso era piegato in modo irreparabile.

«Sì, adesso ho capito» disse Filippo.

Sentiva l'aria mancargli. Per un musicista il proprio strumento è quanto di più prezioso possa esistere. Tommaso aveva smesso di singhiozzare.

«Mi accompagni in un posto?» gli chiese Tommaso.

Filippo annuì col capo. Ascoltava il silenzio fra di loro prolungarsi passo dopo passo. Ma non era brutto, anzi. Era come se attraverso quel silenzio loro due stessero parlando. Si era così abituato che, quando Tommaso si fermò e disse: «Siamo arrivati», gli parve strano sentire di nuovo la sua voce.

Davanti ai loro occhi non c'era nulla che potesse dare l'idea di una destinazione.

Tommaso si accucciò e afferrò la grossa pietra che aveva ai piedi. Filippo fece per aiutarlo, ma lui l'aveva già spostata. E sotto non c'era il terreno, come chiunque avrebbe immaginato, ma una cavità abbastanza grande da entrarci con la testa. All'interno si intravedevano oggetti ammucchiati, dei fogli e altra roba difficile da distinguere, ma per Filippo non fu difficile indovinare.

«Anche tu hai una capsula del tempo! È gigantesca e... profonda! Wow!»

Tommaso non rispondeva.

«Perché mi hai portato qui? La posizione della capsula del tempo è segreta, non la deve conoscere nessuno!»

«Direi, invece, che qualcuno la deve conoscere».

Filippo si sentì quel qualcuno che Tommaso aveva condotto alla propria capsula del tempo. Si sentì importante.

«Me l'aveva regalato mio nonno» continuò lui guardando il flauto che teneva fra le mani. «Diceva che con questo sarei diventato il più grande flautista del mondo».

«Be', ci è andato vicino».

A Tommaso scappò un sorriso, che ricacciò subito indietro.

«La Spezzaferri non sa che il terremoto ti ha distrutto il flauto. Diglielo! Te ne procurerà un altro».

«La prof invece sa benissimo il motivo per cui non suonerò mai più».

«Ma fra poco c'è il concorso, insieme possiamo vincerlo! E tuo nonno sarà felicissimo e ti regalerà un flauto ancora più bello!»

L'espressione di Tommaso si rabbuiò.

«Stai zitto, nano, e non insistere!» ribatté. «Il motivo è un altro e io non posso trovare una soluzione, perché non c'è».

E gettò il flauto piegato nel buco della sua capsula del tempo, trasformandolo in un ricordo.

Cap. 15

LA MAGIA PIÙ GRANDE DELLA SUA VITA

Filippo si guardava attorno e vedeva una massa sfocata di persone, sentiva un vociare indistinto. Non badava più a nulla. Era come se quella giornata fosse finita nel preciso istante in cui aveva salutato Tommaso. Tutto quello che c'era stato dopo – i rumori del campo, i volti, le voci della mamma, di zia Enrica, la cena – gli era scivolato addosso senza lasciare traccia.

Anche Tommaso aveva una capsula del tempo. Chi l'avrebbe mai detto che avevano qualcosa in comune? Ma per quale motivo ce lo aveva portato?

"Lo avrà fatto con tutti i suoi pesci da guardia" si disse, ma non aveva senso. Tommaso si era sbarazzato con tutta quella fatica dell'oggetto più importante della sua vita e accanto aveva lui, non Marcacci.

Filippo, già sotto le coperte, provò a chiudere gli occhi e a godersi quell'elettricità che sentiva crescergli dentro.

All'inizio pensò che aveva ancora troppa energia in corpo. E invece era il terremoto, che si presentava di nuovo, di notte.

La scossa durò meno di due secondi, un colpetto al cuore.

Fece appena in tempo ad accorgersi del panico che proveniva dai letti della sua famiglia, che una sagoma bucò la tenda come un fulmine nero, urlando:

«Aaahhh!».

Poi urtò la barriera di valigie anti-estranei ideata dai suoi genitori, e andò a scaraventarsi a terra, con la testa a tanto così dal piede di uno dei due letti vuoti, quelli più distanti.

La mamma afferrò lo zoccolo di legno e lo lanciò con una sicurezza da fare invidia a un tiratore scelto, andando a colpire la sagoma ancora a terra.

«Ahia!» esclamò quella, alzandosi in piedi.

Filippo intanto rimetteva insieme tutti i pezzi: la statura, i lineamenti e soprattutto la voce che in quei giorni gli era così mancata, e capì che la sua giornata, a mezzanotte passata, gli avrebbe riservato ancora qualcosa.

La mamma nel frattempo sembrava animata da intenzioni per niente rassicuranti: aveva già fatto un paio di passi nel buio con l'altro zoccolo in mano.

«Mamma, non farlo! È un mio amico, mica lo vorrai ammazzare!» esclamò Filippo, correndo verso di lui.

«Tua madre dovrebbe partecipare alle Olimpiadi di lancio di cose a caso. Che male!»

«Scusami, Marco, mi dispiace. Non volevo davvero, cioè volevo, ma non sapevo...»

«Mamma, si chiama Mirko!»

«Non si preoccupi, signora» disse lui massaggiandosi. «Ho un fondoschiena di marmo!»

La zia Enrica esplose in una risata capace di coprire il chiacchiericcio che proveniva dall'esterno. Quella sarebbe rimasta nei loro ricordi come la scossa più assurda e divertente di quel tempo fra le tende.

«Signora, posso rapire suo figlio per un po'?»

Filippo si voltò a guardare la mamma e vide nei suoi occhi il panico, come se Mirko dicesse sul serio, come se dovesse rapirlo davvero. Nel frattempo si era avvicinato il papà e Filippo ebbe l'impressione che la mamma si fosse convinta a lasciarlo andare proprio dopo una rapida occhiata scambiata con lui.

Adesso erano soli. Lui e Mirko si erano allontanati raggiungendo l'altra estremità del campo e si erano seduti con la schiena appoggiata a due grossi pali piantati nel terreno. Avevano moltissime cose da dirsi.

«Dove eravamo rimasti?»

«Intendi il punto in cui mi comunicate che io sono troppo piccolo e inutile per badare a Lei? Oppure ti riferisci a quello in cui io ti chiamo quando ti vedo in giro, e tu sei troppo impegnato per fermarti a parlare con me?»

Mirko lo fissò senza dire nulla per così tanti secondi che Filippo capì di aver fatto centro. E quasi gli dispiacque.

«Ehi, lo so che sei arrabbiato».

Mirko si sbagliava di grosso se pensava di cavarsela con un "ehi, lo so" buttato lì.

«Domani ci vediamo?»

«Non lo so».

«Giochiamo a pallone?»

«Si potrebbe fare, ma ho le prove».

«Vengo alle prove!»

«Non serve».

«Mi dici che devo fare per farmi perdonare?»

«Portarmi da Lei!»

Mirko ci mise un po' a rispondere, ma poi disse proprio quello che Filippo sperava di sentire.

«Sì, hai ragione. Sia io che Diana pensiamo che Lei sarebbe felice di assistere di nuovo a un tuo concerto».

Bene, si cominciava a ragionare.

«Tu e Diana...» Filippo alludeva a qualcosa.

«Ci sto lavorando, piccolo musicista impiccione».

«Che aspetti a farle una magia?»

«Non sono così potente» rispose Mirko, tradendo un filo di imbarazzo.

«Ti ho visto a cena con le carte. Mi fai qualche truchetto?»

Alla parola "carte" Mirko storse il naso. Forse aveva toccato un tasto dolente. Filippo ebbe paura di aver rovinato quel momento di riappacificazione. E poi vide che

Mirko allungava una mano verso di lui, fino a sfiorargli una guancia.

«Cosa c'è qui?»

Filippo restò immobile.

«Questa!» esclamò poi, mostrandogli una lucina blu. «Che ci faceva nel tuo orecchio?»

«Ma come hai fatto?»

«Aspetta» disse, facendola sparire dietro la schiena. «Ne ho vista un'altra!»

Si protese verso Filippo, con la mano raggiunse un punto dietro la sua testa che lui non poteva vedere, e quando tornò indietro teneva fra il pollice e l'indice un'altra lucina blu. Dopo qualche istante mise via pure quella.

«Fallo ancora».

«Apri la bocca!»

Filippo spalancò la bocca e pure gli occhi. Era intenzionato a smascherarlo. La mano di Mirko adesso era vicinissima, non poteva perdersi il trucco. Dal nulla, fra le dita, comparve un'altra lucina blu. Un istante prima era buio e un istante dopo…

«Come cavolo hai fatto?»

«Sono un mago» disse Mirko, portando la mano ancora dietro la schiena.

«Sai anche teletrasportare gli oggetti?»

«È molto difficile, ma se non sono troppo pesanti posso provarci».

Per quanto il trucchetto delle luci blu lo avesse sorpreso, Filippo non aveva grande fiducia nella magia. Eppure gli raccontò tutto della mappa: di come l'aveva persa e recuperata in salotto, della paura mentre cadeva nel buco, della prima versione ancora chiusa nel libro dell'*Isola del tesoro,* nella sua stanza.

«Hai detto che sei un mago, no? Allora fai comparire la mia mappa!»

Sapeva benissimo che era impossibile.

«Ok, Filetto».

Come "ok"? Insomma, non poteva che essere una bugia. E come tutte le bugie, avrebbe avuto l'effetto di deluderlo il doppio.

«Perché eri fuori dalla mia tenda, prima che il terremoto ti facesse quasi spaccare la testa contro uno dei nostri letti? Cosa eri venuto a fare a quell'ora della notte?»

«Per dirti tutte queste cose».

Filippo lo fissava come se non avesse risposto. Chi ci credeva che Mirko, dopo non averlo considerato per giorni, all'improvviso decideva di andare da lui a quell'ora per scusarsi e basta? Non che non fosse importante provare a scusarsi con un amico, ma avrebbe potuto farlo anche la mattina dopo, o il pomeriggio. E invece proprio quella notte.

«Ok, non solo per farmi perdonare, ma anche perché nella mia tenda non ci potevo proprio più stare».

«Che succede? Problemi coi tuoi?»

Mirko annuì e dentro quel gesto semplice e silenzioso Filippo capì che c'erano cose troppo ingarbugliate per tirarle fuori: la sua famiglia, forse la scuola, i litigi e chissà che altro. Era grande, eppure aveva bisogno di staccare la spina e mettersi a parlare con uno piccolo come lui.

«Posso dormire da te? C'è proprio una bella aria nella tua tenda».

«A parte quando mia mamma cerca di assassinarti con uno zoccolo».

Mirko sorrise.

Mentre tornavano indietro, Filippo non staccava gli occhi da un grappolo di stelle. Sembravano più luminose delle altre, formavano una macchia brillante nel cielo. Pensò alle magiche lucine blu di Mirko; forse le aveva prese da lì... Che stupidaggine!

Cap. 16

IL GANCIO PERFETTO

Il concorso era ormai alle porte.

In tenda-prove l'entusiasmo cresceva di giorno in giorno; persino la professoressa Spezzaferri adesso sembrava convinta della vittoria finale. Insomma, tutto andava alla grandissima... o quasi.

Come poteva andarle bene che uno dei suoi studenti trascorresse il tempo delle prove ai margini, come un manichino dimenticato in magazzino?

Filippo non riusciva a spiegarselo.

Proprio lei poi, l'unica che, a quanto gli aveva detto Tommaso, conosceva la storia del suo flauto.

«Dai, ragazzi, che siamo un'orchestra invincibile!» esclamava a fine prove. E tutti rispondevano: «Sì, invincibili!». E poi si salutavano.

Ma che orchestra era se nessuno se ne preoccupava?!? Se non cercavano tutti insieme il modo per far tornare Tommaso a bordo? Erano davvero così invincibili?

Per non parlare della zia Enrica. Ormai era diventata la migliore amica della prof e negli ultimi giorni doveva essersi rincitrullita. La chiamava "Rinuccia" e le andava dietro saltellando come un pulcino con mamma oca. Durante la pausa merenda serviva succo di mela e qualche dolcetto fischiettando. Tommaso qualche volta accettava l'offerta. Mai però che gli domandasse:

«Ma perché cavolo non torni in pista?».

Forse era il momento che glielo domandasse lui.

È difficile parlare con qualcuno di un argomento che fa male, ma Filippo voleva provarci. Si avvicinò a Tommaso e si mise a sedere a gambe incrociate. Lui lo guardò qualche istante dall'alto e poi fece lo stesso.

«Si può sapere perché non chiedi alla Spezzaferri di darti un flauto? Era una flautista, ne avrà a decine».

«No, non si può sapere. E la devi smettere di fare domande, altrimenti quella lingua te la faccio saltare in aria» tagliò corto Tommaso, che subito si risollevò. «Comunque siamo bravi, una grande orchestra. *Siete*, cioè» disse, andandosene.

Filippo non sapeva cosa fare. A chi poteva chiedere aiuto?

Forse a Mirko. Certo non aveva nulla a che fare con l'orchestra, però poteva ipnotizzare Tommaso e convincerlo a suonare. Sempre che l'ipnosi facesse parte del suo repertorio. *Naaa*... Viola neanche a parlarne. Sembrava persino godere alla vista del suo nemico numero uno disinnescato. E poi lui e Viola non si parlavano granché. Forse poteva chiedere alla Spezzaferri. In fondo era l'unica che aveva davvero il potere di capovolgere la situazione.

"Ma è pur sempre la mia professoressa, e chi sono io per dirle cosa deve fare?"

Lui no, ma la zia Enrica... Doveva andare subito da lei!

Quando la zia lo invitò a sedersi sulle sue gambe Filippo si insospettì.

«Filo, il tuo compagno di orchestra sta soffrendo molto perché durante la scossa del 6 aprile suo nonno è morto. Tommaso è arrabbiato, non con voi dell'orchestra, ma con la vita, per questo non vuole più suonare».

Ci sono cose che non si possono cambiare, come il risultato di una partita di calcio al fischio finale, e allora tanto vale dirle per ciò che sono.

Per Filippo ascoltare quelle parole fu come vivere un secondo terremoto.

La zia aspettò qualche istante e poi riprese a parlare:

«Tesoro mio, quando siamo felici vorremmo che le cose non cambiassero mai. A volte invece cambiano nel modo peggiore. Ma sai qual è il bello di chi ci vuole tanto bene? È che quando muore riesce a lasciare un segno incancellabile nel nostro cuore. È vero che all'inizio il dolore è grande e ha molto in comune con la rabbia. Ce la prendiamo col destino e pure con chi ci ha lasciato qui, a vivere senza di lui. Finché, a un certo punto, ci accorgiamo che chi ci ha amato non se n'è mai andato. Morire è diverso da andarsene, perché non è una scelta. Chi muore non se ne va neanche per un istante. Rimane accanto a noi. Continua a parlarci anche se non possiamo sentire più la sua voce; ci dà consigli, ci fa divertire, ci consola. Quando capiamo questo, la rabbia passa. Ci sono molti modi per far sentire la nostra presenza a qualcuno».

La zia scansò una lacrima, e Filippo se ne accorse.

«Anche a te è successo coi nonni?»

«Sì, tu non li hai conosciuti, ma erano persone straordinarie. E a me e alla tua mamma hanno lasciato tanti di quei ricordi e insegnamenti, che potremmo scriverci dei libri».

«Ma Tommaso adesso è triste. Non tornerà mai più a suonare con noi».

«Tommaso tornerà a suonare, perché alla fine vincerà la musica sulla sua rabbia. Bisogna dargli un po' di tempo. Non si può costringerlo adesso, Filo».

«Ma il concorso è fra dieci giorni!»

«Lo so. Avete fatto un lavoro straordinario, la prof è orgogliosa e non vede l'ora di portarvi alla competizione. Tommaso deciderà cosa fare, ma deve farlo da solo. O almeno... noi glielo faremo credere!»

La zia lo fece scendere dalle ginocchia, si alzò in piedi e si mise a trotterellare attorno alla tenda canticchiando:

«Oh, come siamo bravi! Siamo un'orchestra pazzesca!

Insieme vinceremo, trallallero! Suonare è così bello, non puoi non suonare con noi. *Cooon noooiii!!!*» e chiuse alla grande con un acuto.

Allora Filippo capì che non solo la zia non si era rincitrullita, ma che anche la Spezzaferri ragionava benissimo. Faceva tutto parte di un piano che, se avesse funzionato, avrebbe intrappolato Tommaso in una rete di entusiasmo. Ed era pronto anche lui a recitare il suo ruolo.

Cap. 17

IL PIANO SALVA-TOMMASO

Nei giorni che seguirono Filippo prese parte alla gioia generale con brindisi al sapore di aranciata e battute entusiastiche seminate qua e là in modo apparentemente casuale. Il punto più alto della sua interpretazione lo raggiunse quando, a pochi passi da Tommaso, esclamò:

«Wow! Siamo super, tutti insieme».

Il velo di nostalgia che aveva poi colto nei suoi occhi era proprio il risultato che sperava di ottenere. Tommaso doveva aver pensato che, oltre alla prof e a quella zia stramba che aveva preso possesso delle prove, si era rimbecillito pure il violinista più piccolo dell'orchestra, ma non importava. Era tutto calcolato!

Mancava il tocco finale, non subito però. Per quello ci voleva il momento giusto.

Il pomeriggio prima della partenza per il concorso Filippo diede il via alla fase due del piano, nonché la più delicata.

Pensò "Ora o mai più" e poi pronunciò le stesse parole che Tommaso aveva utilizzato con lui.

«Mi accompagni in un posto?»

Nel mezzo della vallata appena fuori dalla tendopoli Tommaso si fermò e afferrò Filippo per un braccio.

«Nano, mi prendi in giro?»

«No, perché?»

«Stiamo tornando alla mia capsula del tempo!» esclamò con quella sicurezza da "so-tutto-io" che quasi cominciava a stargli simpatica.

«No, non hai capito. Cammina!»

Quando furono davanti alla stalla di Lei, Filippo si sentì come doveva essersi sentita Diana il giorno in cui ci aveva portato lui e Mirko (e Viola che li aveva seguiti). Spinse la porta di legno ed entrarono.

Diana non si accorse della loro presenza. Era troppo impegnata con Lei.

«Ehi, bella, ti vuoi calmare?!?»

Indossava vecchi pantaloni sporchi di fango, e qualche filo di fieno le spuntava fra i capelli biondi.

«Diana!»

«Ehi, Filo!» esclamò mentre si voltava per salutarlo. Quel tono felice fece retromarcia appena si accorse che non era solo.

«Lo so, calmati» provò ad anticiparla Filippo.

«Che cosa ci fa lui qui?»

«Molto lieto di conoscerti anch'io. Tommaso, piacere!»

Diana ignorò la sua mano tesa.

«Avevamo un accordo» continuò lei.

Filippo temeva che gli arrivassero addosso delle saette infuocate, e invece dagli occhi di Diana iniziarono a scendere le lacrime.

«Stai mettendo Lei in pericolo, te ne rendi conto?» e fece un passo verso di lui. «Non lo dovevi fare, Filo».

Filippo arretrava con i palmi rivolti verso di lei, ma sapeva bene che non sarebbero bastate le mani a fermarla.

«Comunque se è un problema io me ne vado» disse Tommaso.

«Questo è sicuro» ribatté Diana, rivolgendosi a lui per la prima volta.

«Molto bene! Nano, non ho capito perché mi hai portato in una stalla con una mucca che sbuffa e una tipa che mi tratta come un ladro. Comunque tolgo il disturbo. A presto e buon concorso per domani!»

«Nooo! Aspetta!»

Alle grida di Filippo la mucca fece uno scatto e diede una testata contro la grata a cui era legata. Il rumore fu così roboante che attirò i loro sguardi.

«Ma che ha? Sembra fuori di sé. Non era così neanche il primo giorno che l'ho vista».

«Non lo so che le prende» disse Diana. «È da giorni che è intrattabile. C'è qualcosa che la agita. Ieri per poco non uccideva Mirko».

«Che vuoi dire? Cos'è successo a Mirko?!?»

«Si era avvicinato e Lei ha avuto una reazione rabbiosa, ma per fortuna non lo ha colpito. Stai tranquillo, il tuo amico gorilla sta più che bene e sta per arrivare».

La mucca diede un'altra testata e iniziò a scavare con la zampa. A guardare Diana e la mucca nessuno sarebbe stato in grado di dire quale delle due fosse più inferocita, e quindi più pericolosa.

Tommaso, a piccoli passi di gambero, nel frattempo era arrivato alla porta.

Filippo si voltò e gridò:

«Torna qui!».

Tirò fuori il violino dalla custodia e cominciò a suonare. Le note riempivano la stalla di un'atmosfera nuova. La mucca smise di sbuffare e di grattare il terreno, e si fermò.

Mentre suonava, sentiva la terra mancargli da sotto i piedi, ma non come la notte in cui era caduto nel buco del salotto, al contrario, come se si sollevasse, leggero, sopra le cose.

Perse il conto del tempo e continuò a suonare finché non sentì la mano di Tommaso dietro la schiena. Era tornato indietro, pur non avendo alcun motivo per farlo. In fondo, cosa poteva importargliene di una mucca? Eppure una forza lo aveva attratto.

«Se adesso avessi il flauto con me, suonerei» disse, prima di staccare la mano e ricreare fra loro le solite distanze.

Filippo diede l'ultimo colpo di archetto e poi lasciò spazio al silenzio.

Diana era tornata sotto la soglia di pericolo: guance rosa ed espressione dolce.

Guardavano tutti e tre la mucca, che roteava la coda come un'elica in attesa di un'altra melodia.

Quando più tardi si salutarono, Filippo ripensò alle parole di Tommaso: «Se adesso avessi il flauto con me, suonerei». Il piano si era concluso. Era presto per capire se aveva avuto successo, ma era soddisfatto. Quel pensiero tracciò una linea da cui ricominciare.

Era finito il tempo del prima: delle prove, delle difficoltà, dello studio, dell'attesa, delle delusioni e delle nuove sfide. Gli tornò alla mente la scena della Spezzaferri che aveva cambiato idea dopo averli visti arrivare tutti insieme, uniti. A distanza di due mesi ancora non riusciva a spiegarsi come avevano fatto a convincerla.

Adesso Filippo si trovava coi piedi su quella linea e guardava davanti a sé: il giorno dopo. Ventuno scuole da tutta Italia, una sola orchestra vincitrice. In pratica, nessuna speranza.

Cap. 18

IL CONCORSO

Lo staff mensa della tendopoli iniziò a sfornare cornetti dalle sei del mattino. Nonostante l'ora e la tagliente brezza mattutina, il tendone pareva esplodere di persone. In quei mesi gli ospiti della tendopoli si erano appassionati alla storia dei piccoli musicisti, che avevano portato le note fra le tende come un regalo inaspettato. E quel giorno erano tutti lì per l'orchestra Respighi.

«Filo!»

«Ehi, Viola!»

«Pure il papillon ti sei messo... sei proprio un figurino!»

«Grazie, anche tu non scherzi».

«Se nel bel mezzo della gara senti un'esplosione, è il mio vestito che non avrà retto. Devo aver preso qualche chiletto in queste settimane in tenda» disse lei tirando la gonna che le stringeva.

«Che succederà oggi, Viola?»

«Che io mi alzerò in piedi all'improvviso e comincerò a suonare da sola come una star. E alla fine il premio lo daranno a me».

Filippo le lanciò un'occhiataccia. A volte basta davvero poco per ritrovarsi.

«Ci sono tutti, hai visto?» continuò lei. «Pure il signor Bortolo! E guarda come fissa la Spezzaferri! E... c'è anche Tommaso! Wow! Se non conoscessi la carogna che è, potrei sbavargli dietro».

In effetti Tommaso era elegantissimo.

«Ha assistito a tutte le prove...» disse Filippo con tono malinconico. Il bel vestito di Tommaso sicuramente non cambiava la sostanza delle cose. Avrebbe fatto da spettatore anche quel giorno.

La zia Enrica nel frattempo si muoveva fra i gruppetti e dava indicazioni a destra e a sinistra. Si avvicinò anche a loro due.

«Ragazzi, preparatevi, stiamo per partire».

Non potevano, mancava Mirko.

Il giorno prima alla stalla alla fine non si era visto. Ma al concorso doveva esserci. Glielo aveva promesso!

Intanto DJ Giova dava il buongiorno agli ascoltatori dai microfoni di Radio Libera 1.

«Amici all'ascolto, oggi iniziamo la giornata molto prima del solito, e poi vi dirò il perché. Intanto partiamo col nostro caro e amato Inno. *Restate collegati, ché voglio fare un saluto speciale!»*

Ed ecco, alle prime inconfondibili note, il cane Arturo procedere verso il centro, posizionarsi e ululare al cielo.

Era ipnotico e così coinvolgente che pure quella volta si misero tutti a cantare. Tranne Filippo, che continuava a domandarsi dove fosse Mirko, se sarebbe comparso da un momento all'altro oppure... No, non voleva pensarci, perché Mirko sarebbe arrivato. Ne era certo.

DJ Giova riprese la parola:

«*Siamo tornati, ed è il momento del saluto che vi avevo promesso. I piccoli musicisti dell'orchestra dell'Istituto Comprensivo "Ottorino Respighi" oggi rappresenteranno la nostra città in un prestigioso concorso musicale nazionale. In bocca al lupo, ragazzi!*».

Il tendone esplose in grida e applausi. Il mitico DJ Giova li aveva appena salutati in diretta!

Filippo non riusciva a godersi il momento.

«Viola, tu comincia a salire sull'autobus e tienimi il posto accanto a te, così poi parliamo un po'. Prima però devo fare una cosa».

E corse via. Raggiunse la tenda di Mirko e infilò la testa all'interno. Non c'era nessuno, nemmeno i suoi genitori. I letti erano in ordine e le loro cose erano tutte lì.

Dov'erano? A malapena Mirko li salutava quando li vedeva, e avevano deciso di fare una gita di famiglia proprio nel giorno del concorso?!?

Filippo tornò all'autobus rassegnato. Qualcuno dei suoi compagni gli faceva gestacci con le mani da dietro il finestrino. Viola lo aspettava in fondo.

«Siamo famosi!» esclamò Marcacci, seduto accanto a Tommaso, con gli altri pesci da guardia ai sedili di dietro. Il saluto di DJ Giova aveva dato a tutti una bella carica.

La professoressa Spezzaferri fece tornare il silenzio e procedette con l'appello.

«Ok, possiamo andare» concluse la zia Enrica alla fine dell'elenco, guardando in direzione di Filippo.

Filippo colse nella sua espressione un sottile dispiacere. La zia aveva capito. Era la seconda volta che Mirko lo tradiva, dopo la mappa promessa e che, invece, non si era vista. Questa non gliel'avrebbe perdonata.

Avevano viaggiato appena un'ora, eppure, quando Filippo scese dall'autobus, gli sembrò di essere stato catapultato in un'altra dimensione. Il sole era alto nel cielo e rischiarava i palazzoni dalle tinte pastello. Non vedeva una sola crepa sulle pareti, o calcinacci ammucchiati accanto alle porte, o buchi dai quali si potesse guardare all'interno delle case. Gli faceva un effetto così strano trovarsi in un luogo che non fosse terremotato!

«Quella è la scuola dove suoneremo» disse la Spezzaferri, indicando un palazzo bianchissimo dall'altra parte della strada. Era circondato da un bel giardino di un verde vivo. Oltre il cancello, alla fine di una stradina di sampietrini rossi, c'era un'enorme porta a vetri.

Una volta superata quella porta, sarebbe iniziato tutto.

Filippo pensò alla loro di scuola, e non al fatto che fosse grigia e un po' vecchia, ma *distrutta*. Tutto può essere così diverso se nasci in una città piuttosto che in un'altra.

Trovarono ad attenderli un ragazzotto sorridente vestito in modo molto elegante. Aveva una giacca nera lucida su una camicia bianca, faceva pensare a un pinguino; doveva essere uno studente della secondaria. La professoressa Spezzaferri sbrigò con lui qualche pratica; le fece firmare un paio di fogli e poi la invitò a seguirlo con la classe. La zia, in fondo, chiudeva la fila.

«Sono tutti più grandi di me» disse Filippo guardandosi attorno.

«Che ne sai? Hai controllato i loro documenti?»

«Si vede, Viola».

Nella sala teatro calò lo sconforto. Filippo sapeva che sarebbero state ventuno orchestre, lo sapevano tutti, e se le era pure immaginate, ma vedere così tanti partecipanti riuniti in un'unica stanza lo stordì come un colpo improvviso. Quasi tutti avevano una divisa che identificava la loro scuola di appartenenza. L'orchestra "Ottorino Respighi" era fra quelle che non ce l'avevano.

Le orchestre avevano a disposizione dieci minuti per esibirsi. Al termine della prima fase, la giuria ne avrebbe selezionate cinque che si sarebbero sfidate nella finalissima del pomeriggio. E poi, dopo la premiazione, tutti a casa. E loro in tenda.

«Ragazzi, siete carichi?» disse la Spezzaferri, cercando di tenere alto il morale. «Siamo settimi in ordine di esibizione».

Quando la sesta orchestra salì sul palco, il ragazzone si avvicinò e li invitò a prepararsi.

La professoressa appoggiò l'astuccio col proprio flauto su uno sgabello lì dietro. L'aveva portato con sé come un talismano portafortuna. Avanzò verso il punto del palco riservato al direttore d'orchestra.

«Ho tantissima paura di sbagliare tutto» disse Viola, tenendo la chitarra così stretta che le dita le erano diventate bianche.

«Viola, è scientificamente impossibile che ti succeda una cosa del genere» la rassicurò Filippo, prendendo posizione.

Guardò indietro per l'ultima volta. Tommaso non si era mosso dal fianco della zia Enrica. Se ne stavano in ombra in fondo al palco. Il fruscio dello spartito sul leggio riportò la sua attenzione sulla Spezzaferri. Gli sembrò che si fosse persa per qualche istante, come se stesse pensando a qualcosa che andava oltre quelle pagine e quel momento. E poi diede il via al loro concerto con un colpo deciso di bacchetta nell'aria.

I dieci minuti volarono, e arrivò un bell'applauso carico di energia.

Adesso non potevano fare altro che aspettare. Ma, man

mano che le orchestre si susseguivano, sentirono indebolirsi la possibilità di arrivare in finalissima. Capirono chi avrebbe vinto nel momento in cui si concluse l'esibizione dell'Istituto "Vivaldi".

«Sono formidabili» commentò la professoressa Spezzaferri. «Vincono da tre anni di fila».

«E non sarà un po' troppo? Quest'anno vinciamo noi, anche solo per far cambiare aria al premio» disse la zia, ma Filippo sapeva benissimo che stava cercando per una volta di non dire la verità.

Per il pranzo, la scuola che li ospitava aveva preparato una lunghissima tavolata di cibo che percorreva tre pareti. C'erano mille tipi di pasta, polpettine, würstel, sandwich assortiti, torte salate, pizzette tonde, frittate, tramezzini, patatine, insalate, rotoli farciti, e da bere tutto il possibile e immaginabile. Pure il succo di frutta pesca e mango che Filippo non trovava mai alle feste di compleanno.

Mentre si decideva se afferrare un panino al salame o un tramezzino tonno e pomodoro, sentì un frastuono. Si voltò e vide Tommaso che teneva un ragazzo sospeso a un palmo da terra. Ai suoi piedi c'erano i cocci dei piatti caduti. L'altro lo guardava senza reagire, ma non sembrava affatto intimorito.

«Non ti azzardare mai più! Hai capito?» lo minacciava Tommaso, facendogli toccare nuovamente il pavimento con le scarpe.

Il ragazzo a quel punto si aggiustò la giacca della divisa e, senza mai abbassare lo sguardo, disse:

«Vi manderanno in finale solo perché siete terremotati, ma vinceremo anche quest'anno. Vinciamo sempre».

Tommaso stava per lanciarsi di nuovo contro di lui, ma Filippo lo trattenne, mentre quello tornava dai suoi amici sghignazzando.

Qualche minuto dopo, il giovane presentatore della gara tornò sul palco per annunciare le cinque scuole finaliste. L'Istituto "Vivaldi" fu il primo nome a essere pronunciato.

«E l'orchestra che si aggiudica l'ultimo posto disponibile per la finale è... "Ottorino Respighi"!»

Erano in finale!!!

La professoressa Spezzaferri stritolò la zia Enrica con un abbraccio che pareva non dover finire mai.

«Aveva ragione quello lì?» domandò Filippo a Tommaso. «Ci hanno mandato in finale solo perché siamo terremotati?»

«No, nano. Siamo in finale perché siamo forti».

Il tipo dell'Istituto "Vivaldi" si voltò a sfidarlo con gli occhi. In quelli di Tommaso stava divampando un incendio.

Mentre i suoi compagni si posizionavano per la finale, Tommaso si avvicinò allo sgabello su cui stava l'astuccio della Spezzaferri, guardò la professoressa e lei annuì. Estrasse il flauto e raggiunse il suo posto, che per troppo tempo era rimasto vuoto.

Filippo non riusciva a crederci: Tommaso conduceva i fiati come se non avesse mai detto di non voler più suonare.

Poi vide Viola fare un movimento strano. Pensò che il demone del "so-fare-tutto-io" fosse tornato a farle visita, e invece si stava solo sistemando la gonna.

Rimasero in contatto con gli occhi per tutto il tempo dell'esibizione. Tommaso, invece, sembrava irraggiungibile, si stava riprendendo la propria musica.

Filippo poteva capirlo benissimo. Lo avevano liberato dalla corazza, ed era difficile ammetterlo, ma il merito era anche di quel tipo arrogante che gli aveva dato dei "terremotati". Aveva acceso la miccia.

Per questo né lui né Tommaso riuscirono a odiarlo, neanche quando i suoi compagni lo fecero volare in aria dopo la proclamazione della scuola vincitrice. Aveva vinto l'Istituto "Vivaldi" anche quell'anno, ma poco importava, perché loro l'avrebbero ricordata come l'esibizione più bella di sempre. Adesso sì che erano un'orchestra!

«Ma non è finita! Da quest'anno c'è una novità» disse il presentatore al microfono. «La commissione ha deciso di consegnare un premio speciale all'orchestra che fra tutte, al di là del risultato finale, si è distinta per responsabilità e impegno. Leggo la motivazione: *Il musicista è colui che non abbandona la musica neanche nella difficoltà, anzi. Per aver dimostrato che si può portare a termine un percorso anche senza scuola. Che si può trovare l'entusiasmo anche dove non lo vedrebbe nessun altro. Per aver dimostrato che si può essere grandi musicisti anche a una piccola età.*

E allora, qualcuno lo avrà capito visto che già applaudite, il premio speciale va all'orchestra "Ottorino Respighi"!»

Sull'autobus, al ritorno, Filippo notò che la zia aveva un comportamento strano: parlava al telefono con la mano davanti alla bocca per non farsi leggere il labiale. Finita la telefonata, si mise a scrivere messaggi. Di tanto in tanto mostrava lo schermo alla Spezzaferri e si davano il cinque.

Cos'avevano in mente quelle due?

La professoressa raggiunse il centro del corridoio, aveva qualcosa di importante da dire:

«Siete stati bravissimi».

«Sì, a sbagliare tutto!» esclamò Marcacci, e Tommaso gli diede un finto schiaffone sulla testa.

«Vorrei che utilizzassimo il denaro del premio in modo significativo» continuò lei. «Allora mi è venuta un'idea, ditemi cosa ne pensate. Mi piacerebbe impiegarlo per regalare un flauto nuovo a Tommaso».

Queste parole furono seguite da un lungo silenzio. Era il segno di una delusione generale? I compagni, che avevano vinto un premio insieme, non volevano impiegarlo per uno di loro soltanto? Ma Filippo sapeva che era giunto il momento di essere "orchestra", di essere uniti.

Perciò la proposta della Spezzaferri gli sembrò così bella che quasi gli dispiacque non aver avuto l'idea al posto suo.

«Per me sì!» esclamò, alzandosi in piedi, con Viola che lo guardava dal sedile accanto. Quando Filippo vide l'espressione sulle facce dei compagni, ogni dubbio si sciolse e pure il silenzio. Erano tutti d'accordo.

«Ora puoi ridarmi il mio, visto che dopo aver suonato te lo sei tenuto» concluse la prof rivolgendosi a Tommaso.

Lui si accucciò e recuperò l'astuccio col flauto che aveva appoggiato sotto al sedile. Dai suoi movimenti incerti Filippo capì che aveva subìto il colpo di tutto quell'affetto; forse sentiva di non meritarlo. Stava cercando di guadagnare tempo per recuperare la sua tipica spavalderia. Si alzò e si avvicinò alla professoressa. Aveva gli occhi lucidi. Le riconsegnò il flauto, e lei gli disse soltanto: «Bentornato, Tommaso», poi lo impugnò come una spada scintillante.

«Quest'anno abbiamo vinto il secondo premio, l'anno prossimo vinceremo tutto! Perché, sia ben chiaro, la vostra prof di musica rimane in città!»

E l'autobus esplose in grida assordanti.

Quando la porta dell'autobus si aprì di nuovo con vista sulla tendopoli, c'era Mirko ad aspettarli.

«Com'è andata?» domandò.

Se non avesse avuto il braccio stretto in una fascia a tracolla, Filippo gli avrebbe spaccato il violino in testa.

«Abbiamo quasi vinto. E tu? Che fine hai fatto? Perché non sei venuto? E... che ti è successo al braccio?»

«Una domanda per volta. Partiamo dall'ultima: mi sono fatto male».

«Rotto?»

«Quasi. Una storia lunga... Mi spiace, ma non sono riuscito ad avvertirti».

«Ti ho aspettato, sono anche venuto a cercarti nella tua tenda prima della partenza».

«Ero in quella del pronto soccorso con i miei. Mi è successo ieri pomeriggio».

"Ecco perché non è venuto alla stalla" pensò Filippo.

«Ti è successo... cosa?»

«Ok, te lo dico. E spero che cambierai idea su di me. Allora, ripartiamo dall'inizio. Continuavo a domandarmi come riuscire a...».

«Ragazzi! Ragazzi!» Diana era arrivata di corsa, aveva la fronte imperlata di sudore e i pantaloni strappati su un ginocchio.

«Lei!» esclamò prima di riprendere fiato.

«Cos'è successo a Lei?» chiese Mirko.

«Sta male?» si accodò Filippo.

Nel frattempo si erano avvicinate anche Viola e la zia Enrica, richiamate dai toni alti delle voci.

«Lei chi?» si agganciò la zia, preoccupata.

«È un'emergenza!» disse Diana. «Lei sta... partorendo!»

Cap. 19

IL MIRACOLO DELLA VITA

Nel tragitto verso la stalla, le voci di Filippo, Viola e Tommaso si abbattevano su Diana, ansiose di conoscere i dettagli. Lei rispondeva a monosillabi; stava ricaricando le energie per affrontare quello che aspettava tutti loro. Mirko perdeva terreno, oltre al braccio fasciato sentiva dolore alla gamba. Il gruppo faceva delle pause per aspettarlo, e la zia Enrica ne approfittava per capirci qualcosa. Domandava chi fosse la donna sul punto di partorire, se ci fosse già un medico sul posto, ma loro riprendevano a camminare senza badarle, e lei li seguiva rassegnata.

Arrivarono alla stalla col sole che si spegneva dietro le montagne.

«Come fai a sapere che sta per partorire?» domandò Filippo appena vide Lei. A guardarla non gli sembrava cambiato niente.

«Oggi era più irrequieta del solito. E poi, a un certo punto… le si sono rotte le acque!» rispose Diana.

Sì, allora avevano un bel problema, e l'unica che poteva fare qualcosa era proprio la zia Enrica, che fissava la mucca senza sbattere le ciglia, come se fosse stata colpita da un raggio paralizzante. Peccato che non sembrava affatto padrona della situazione. D'altronde, far partorire mucche non era esattamente il suo passatempo preferito.

«Signora, non stia lì impalata! Deve aiutarmi, almeno lei!» esclamò Diana.

«Ok, adesso statemi a sentire tutti quanti! Voi tre, là in fondo!»

Filippo, Viola e Tommaso tornarono indietro verso l'ingresso.

«E qui c'è bisogno di più luce!»

Mirko annuì e si allontanò sparendo dietro a una parete di legno che divideva la stalla da un piccolo ripostiglio.

Intanto Lei non trovava pace. Si abbassava sulle zampe, poi si rialzava e ricominciava a camminare nello spazio consentito dalla fune.

Mirko tornò con una lanterna che emanava una luce debole. Fece qualche passo in avanti e la sollevò. Non era un granché, ma non avevano di meglio.

Lei si era fermata. Sembrava stesse aspettando qualcuno che la aiutasse a portare a termine il parto.

«Ce la farà?»

«Certo!» rispose la zia Enrica a Diana senza pensarci troppo. «Ci siamo noi».

Filippo pensò che sua zia si fosse specializzata nel dire bugie a buon fine.

«Seguimi con la luce!»

«Zia, dove vai? Stai attenta!» gridò Filippo dal fondo della stalla.

«Sssh! Non dobbiamo spaventarla».

Le sollevò la coda. Si vedeva già sbucare la punta delle zampe del vitellino.

«Santissimo cielo!» esclamò la zia, prima di buttare fuori un quintale d'aria in un sospiro energico.

Lei adesso rivolgeva lo sguardo in direzione della grata di metallo a cui era legata, quasi fosse in imbarazzo.

«Stai calma, signora mucca».

«Si chiama Lei» disse Diana.

«Lei?!? Mi stai dicendo che il nome di questo animalone è proprio *Lei*?»

Diana annuì, e fu allora che la zia esplose nella "risata dimenticatutto" più potente ed efficace della sua vita. Ridevano pure i tre piccoli musicisti in fondo alla stalla. E Mirko che, per i singhiozzi, faceva ballare la luce della fiammella. Sembrava ridere persino la mucca, quando si voltò per la prima volta a guardare la zia che le accarezzava i fianchi.

«Ciao Lei, noi non ci conosciamo, ma avremo il tempo di farlo. Siamo qui per aiutarti, stai tranquilla».

Filippo riconobbe il tono che la zia utilizzava quando cercava di guadagnare tempo.

«Diana, ascoltami, non possiamo cavarcela da soli» aggiunse infatti, senza smettere di accarezzare la mucca.

«Che significa? Qui non deve metterci piede nessun altro. Lei sarebbe in pericolo...»

«Lei è già in pericolo, e anche il vitellino. Ha bisogno di un veterinario».

«No, ho letto che chiunque può aiutare una mucca a partorire, e che possono riuscirci addirittura da sole. Quindi, se noi adesso...»

«Diana, ascoltala! Fallo per Lei!» intervenne Mirko.

La ragazza non rispondeva, ma sembrava convincersene ogni istante di più.

«Ok, non abbiamo tempo da perdere» riprese la zia. «Io e Filo torniamo al campo a chiedere aiuto».

«No, zia» disse Filippo mentre a passo lento la raggiungeva dal fondo della stalla dove era stato relegato.

«Qua c'è bisogno di me».

Si soffermò con lo sguardo prima su Diana, poi su Mirko, e poi si voltò indietro e aggiunse: «E di tutti noi».

La zia gli appoggiò una mano sulla guancia. Lui notò tutta la preoccupazione che provava e l'indecisione di fronte alla sua richiesta.

«Va bene» disse infine.

Poi mise insieme due o tre rassicurazioni unite a raccomandazioni: «Il campo è dietro il curvone, faccio presto, non state troppo vicini a Lei, corro!» e uscì.

Adesso erano soli.

Lei alternava momenti di immobilità ad altri in cui sembrava incontrollabile. Tirava la fune con una tale forza che loro, a ogni strattone, smettevano di respirare. Diana provava a tranquillizzarla a distanza. Filippo, Viola e Tommaso si erano seduti sul pavimento ricoperto di fieno e terriccio.

Filippo si alzò e iniziò a eseguire il pezzo che avevano suonato poche ore prima alla finale del concorso. Viola si prese qualche secondo per accordare la chitarra – il suono doveva essere perfetto anche in quella circostanza – e poi gli andò dietro.

Ancora una volta la musica parve avere effetto sullo stato d'animo di Lei che, sebbene fossero gli istanti prima del parto, li guardava da spettatrice interessata muovendo le orecchie.

«Entri, presto!»

La voce della zia fece cessare la musica. Irruppe nella stalla tirando per il braccio un uomo più basso di lei.

«Buonasera a tutti, io sono il dottor Gallotta» si presentò lui, sistemandosi gli occhiali.

Oltre che non esattamente un gigante, era così magro

che si aveva l'impressione che un colpo di vento lo avrebbe facilmente fatto volare via.

"E questa qui sarebbe la persona giusta per tenere a bada e far partorire un'enorme mucca rossa?" pensò Filippo. La zia, come al solito, gli lesse nel pensiero e gli rispose con uno sguardo che sembrava dire: "Accontentiamoci, è l'unico che ho trovato!".

«Farò tutto quello che c'è da fare» disse lui che pareva molto sicuro di sé. «Voi mi darete una mano. Dovrete seguire le mie istruzioni, siamo d'accordo?»

Annuirono: c'erano forse alternative?

«Ora io ti libero da questa corda perché mi fido di te, e tu ti devi fidare di me» sussurrò il veterinario, rivolto alla mucca.

«Ma che fa, è pazzo?» intervenne Viola, che nel frattempo aveva ripristinato la distanza. Per la prima volta Lei era libera e per ora non dava alcun segnale preoccupante.

Il dottor Gallotta scansò la coda. «Qui c'è qualcuno che vuole venire al mondo» disse, e legò un capo della corda alle zampe del cucciolo, che adesso si vedevano benissimo.

Mirko rimaneva vicino con la sua lanterna.

«Visto che il ragazzo ha una fasciatura, tiriamo io e lei, cara signora» e offrì l'altro capo della corda alla zia Enrica. «Stia tranquilla, dalla forza con cui mi ha trascinato qui, direi che non avrà alcuna difficoltà a fare il tiro alla fune».

La sua, più che una rassicurazione, sembrava una simpatica vendetta.

«Tu quel braccio te lo dovevi spaccare proprio adesso, vero?»

Mirko fece spallucce alla zia.

«Vi sostengo col mio fuoco sacro» e sollevò la lanterna. «E con la mia energia segreta». Strinse gli occhi fingendo chissà quale concentrazione.

Filippo osservava la scena con l'emozione di chi sa di assistere a uno spettacolo unico al mondo.

«Mi raccomando, Enrica, senza colpi secchi. Pronta?»

«Ci sono!»

«Uno, due e... tre!»

Tirarono. Lei buttò fuori un verso arrabbiato che pareva la sirena di una nave appena giunta in porto, e si mosse bruscamente. La zia Enrica cadde sul fieno. Diana e Filippo corsero verso di lei, e Mirko, con la lanterna nella mano sinistra e il braccio destro bloccato, fermò Filo col corpo. Era pericoloso farlo avvicinare troppo.

Mentre Diana aiutava la zia a risollevarsi, e Lei continuava a muggire, si sentirono le soavi note di un flauto. Tommaso avanzava lento, sembrava seguire il passo della sua musica.

Quando arrivò accanto a Filippo, smise di suonare e si voltò indietro.

«Signorina Perfetti, abbiamo bisogno di una grande

performance!» esclamò, e poi si rivolse a Filippo: «E tu, che aspetti?».

Lui vide gli occhi di Tommaso colorarsi di arancione, e non dipendeva dalla luce della lanterna. Era il colore del fuoco che aveva acceso il suo sguardo al concorso, e adesso era tornato. Filippo sperava che anche i suoi occhi avessero lo stesso colore, perché sembravano custodire un'energia molto potente.

«Nano, suoni con me?»

Viola, nel frattempo, aveva attaccato con la chitarra e Tommaso ripartì con la sua musica dolce senza mai staccare gli occhi da Filippo.

Quella domanda lo aveva attraversato, non come un fulmine, ma come un'emozione inaspettata. Continuava a sentire la voce di Tommaso ripeterla in loop: "Suoni con me?".

«Allora?» lo incalzò Tommaso.

Allora iniziò il più bel concerto che avessero mai fatto.

«Signora Enrica, la mucca si sta tranquillizzando. Dobbiamo riprovare adesso».

Zia Enrica si rimise in posizione dietro al dottor Gallotta e afferrò la fune. Tirarono, e Lei stavolta non reagì. Si scambiarono un'occhiata complice e tirarono ancora, più forte. Lei provava a fare dei passi in avanti, come se volesse aiutarli ad aiutarla.

«Forza, Lei!» gridò Diana. Mirko le si accostò. Quella vicinanza assomigliava a un abbraccio.

Filippo muoveva l'archetto sulle corde, animato da una gioia che aveva una sola spiegazione: suonare in quel luogo, con loro ed esattamente in quel momento straordinario.

Stava nascendo un cucciolo davanti ai suoi occhi e ne sentiva in parte il merito. Era una sensazione strepitosa, e la stessa gioia la riconosceva in Tommaso e in Viola. Non la vedeva, perché stava dentro, ma la percepiva benissimo, ed era come vederla senza usare gli occhi.

La musica di colpo cessò e tutti loro esclamarono contemporaneamente: «OOOOHHH!».

Finalmente era sbucata anche la testa. Il dottor Gallotta fece un cenno alla zia, che smise di tirare e si lasciò andare sul pavimento stremata. Il dottore si avvicinò, e prima aiutò il vitellino a uscire del tutto e poi lo adagiò su un mucchio di paglia pulita che Mirko e Diana avevano preparato poco distante.

«Ha gli occhi chiusi e non respira» disse Viola. «Non è morto, vero?»

«Non dirlo neanche per scherzo! Dopo tutta questa fatica...» rispose la zia Enrica che si faceva forza coi palmi a terra per risollevarsi.

«Portatemi un secchio d'acqua» disse il veterinario.

Il dottor Gallotta ripulì il vitello con una spugna. Poi prese un ciuffo di fieno e iniziò a fargli il solletico sotto al naso.

Il vitellino teneva gli occhi chiusi e non reagiva.

«Dai, bello, apri gli occhi!» continuava a stuzzicarlo.

Erano tutti col fiato sospeso.

Filippo tornò con la mente alla notte del 6 aprile, quando sembrava tutto finito, e poi aveva sentito due braccia possenti afferrarlo e una voce rassicurante parlargli. E quando il vitello aprì gli occhi e scosse la testa, infastidito dalla paglia e dall'acqua che doveva essergli finita nelle orecchie, si rivide sbucare dalla nuvola di polvere, aiutato dal vigile del fuoco, e fece col figlio di Lei quello che aveva fatto sua madre con lui: corse ad abbracciarlo.

La zia fece segno a tutti loro di fare un passo indietro, perché si stava avvicinando Lei. Dopo aver leccato a lungo il cucciolo, iniziò a spingerlo con la testa, come se volesse dargli delle indicazioni. Il vitellino si sollevò e cominciò a bere il latte dalle sue mammelle.

Al ritorno l'entusiasmo era così diverso dalla preoccupazione dell'andata. Non facevano che ringraziare il dottor Gallotta. Difficilmente avrebbero dimenticato il miracolo della vita a cui avevano appena assistito.

Filippo rallentò per stare al passo incerto di Mirko.

«Poi non mi hai più detto come ti sei fatto male».

«Domani sarà la prima cosa che sentirai» gli rispose, e un bagliore lucente illuminò i suoi occhi furbi come una saetta nella notte.

Cap. 20

ALLA CAPSULA DEL TEMPO

«Fuori c'è Mirko» sussurrò la zia Enrica all'orecchio di Filippo, che dormiva nel letto accanto.

Lui non capì immediatamente se la voce della zia fosse reale, oppure se facesse parte del sogno che già non ricordava più. Non riusciva a tenere gli occhi aperti. Aveva ancora addosso tutta la fatica e la tensione della serata precedente.

Vide Mirko seduto a terra, faceva scorrere le sue carte con le dita. Attorno c'era il silenzio di una giornata non ancora iniziata.

«Ok che mi volevi raccontare dell'infortunio, ma addirittura all'alba...»

«Dai, vieni qua! Scegli una carta e non farmela vedere!»

Filippo ne pescò una dal mazzo. Si aspettava che Mirko gli dicesse di rimetterla nel mezzo, e poi l'avrebbe indovinata – il solito giochetto, insomma – e invece gli domandò:

«Che carta è?».

«Il 7 di quadri» rispose Filippo, mostrandogliela.

Allora Mirko si voltò e, stampato sul tessuto nero della

maglietta, all'altezza della spalla sinistra, c'era un "7" bianco con un piccolo rombo accanto.

«Come hai fatto? Come facevi a sapere che avrei scelto proprio il 7 di quadri? Insegnami il trucco!»

«Sono un mago, te l'ho detto».

«Sì, certo... Comunque, bel numero il 7! Sai che al concorso ci ha portato bene? Eravamo la settima orchestra a esibirci».

Mirko rimase qualche istante in silenzio.

«No, infatti. Che ne puoi sapere? Non c'eri!»

«Hai presente la magia del secolo che avrei dovuto fare? Quella impossibile?»

«Ti riferisci al famoso teletrasporto della mappa?»

Mirko chiuse gli occhi. Sembrava molto concentrato, gli tremavano le palpebre come se stesse compiendo uno sforzo sovrumano.

«Ecco, ce l'ho fatta! Sono riuscito a portarla qui».

«Qui dove? Non prendermi in giro un'altra volta».

«Vai a vedere sul letto!»

«No che non vado a vedere sul letto. Non è divertente».

«Vai, ti dico. I maghi non mentono mai».

Mirko aveva un'espressione così convinta che a Filippo scappò da ridere. Che i maghi non mentano era la più grande assurdità che avesse mai sentito. Ma quando rientrò nella tenda il sorriso si trasformò in una smorfia fra incredulità e stupore.

Sul cuscino c'era un foglio. Lo aprì e – non poteva crederci – era proprio la sua mappa!

«Zia!!!»

«Non urlare che svegli tutti!» bisbigliò lei.

E poi, senza aspettare che Filippo finisse:

«Vai pure, ci penso io a inventarmi qualcosa con tua madre e tuo padre».

Prima di salutarsi, notò che la zia faceva l'occhiolino a Mirko.

A Filippo bastò un attimo per capire quello che era successo. Mirko era entrato in casa sua, si era arrampicato lungo la scala schivando i calcinacci, aveva camminato su un pavimento quasi del tutto crollato, aveva recuperato la mappa in camera sua, e poi... doveva essergli

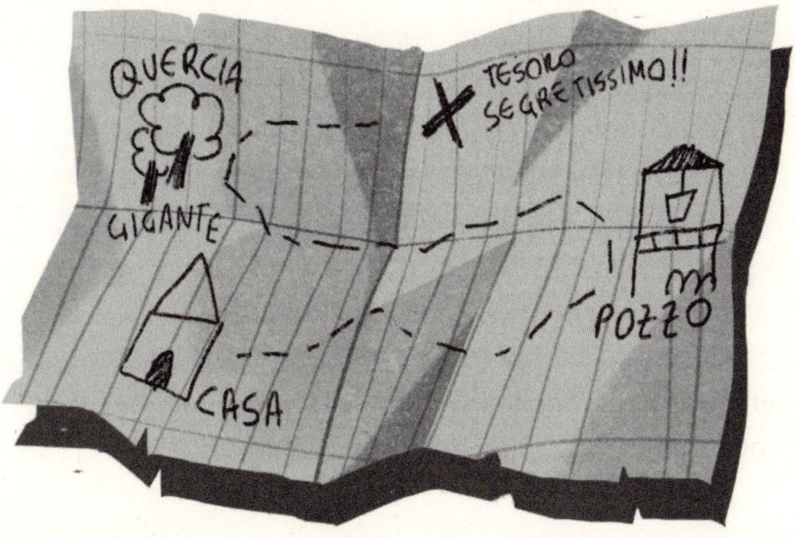

successo qualcosa e si era fatto male. Pensò di domandarglielo, ma preferì lasciar perdere. Non contavano più i dettagli dell'incidente: all'improvviso quella della mappa era l'unica magia di cui non voleva più sapere il trucco. I dettagli che contavano erano quelli della loro amicizia, e non avrebbe mai dimenticato ciò che aveva fatto Mirko per lui. Si può essere maghi anche senza poteri eccezionali, se si è disposti a rischiare la pelle dentro una casa terremotata per far felice un amico. E Filippo adesso si sentiva così felice e così in colpa, che scoppiò a piangere.

«Non piangere, Filetto, piuttosto dimmi... Che cos'è questa capsula del tempo?»

«Andiamo che te lo spiego!»

Parlarono della capsula del tempo per gran parte del percorso.

«Sei così piccolo... Cosa puoi averci messo dentro?»

Filippo a quella domanda non rispose.

«E dove l'hai nascosta?»

«Dietro casa mia, ed è difficilissima da trovare».

«Ehi, ha riaperto lo Start!» esclamò Mirko bloccandosi di colpo sullo stradone. «Prima facciamo una colazione vera?»

Era il solito Start: un piccolo bar con una saletta interna col biliardino e qualche tavolino fuori. C'era di nuovo che avevano ritinteggiato tutte le pareti di rosa scuro.

«Questo cappuccino ha un sapore...»

«Che sapore può avere?» chiese Mirko. «È un cappuccino!»

«Un sapore... normale!»

Sentirono la seggiola tremare. Filippo osservava le vibrazioni del cappuccino nella tazza.

«È un camion» disse Mirko, poi lo videro passare e trascinarsi dietro una nuvola biancastra.

Da qualche giorno erano iniziati i lavori. All'orizzonte si vedevano le gru gialle svettare in cielo. Era un paesaggio nuovo, che trasmetteva agli occhi di Filippo una sensazione rassicurante. Avevano cominciato a curare la sua città ferita.

«Ricordate l'orchestra "Ottorino Respighi"?»

Entrambi drizzarono le orecchie alla voce di Dj Giova

«I nostri ragazzi hanno vinto un premio speciale al concorso. E la loro esibizione è online sul nostro sito e sul nostro profilo ufficiale di YouTube. E ora ascoltatemi tutti! Pure voi che mangiate tramezzini e bevete spremute in qualche bar...»

La gente smise di chiacchierare.

«La loro scuola, a causa del terremoto, ha subìto danni enormi. Solo noi che abbiamo visto le nostre case sgretolarsi, possiamo capire cosa si prova. La scuola per uno studente è più di una casa. E allora noi di Radio Libera 1, che crediamo nella formazione degli artisti di domani, abbiamo deciso di sostenere l'idea di due nostre care ascoltatrici che ci hanno contattato e che saluto: Rina ed Enrica!»

Ecco cosa confabulavano quelle due sull'autobus!

«E ieri sera abbiamo lanciato una campagna per la ricostruzione della scuola. Il video dell'esibizione ha totalizzato oltre 10 000 visualizzazioni in un solo giorno, e la raccolta fondi è partita a bomba! Allora, prendete subito i telefonini, andate sul nostro sito, godetevi la performance dei ragazzi e donate!»

Filippo e Mirko si abbracciarono, mentre qualcuno aveva già tirato fuori il telefono.

«Dobbiamo scavalcare la rete. Forza, vecchio, ce la puoi fare!»

«Scavalcare? Io sono infortunato!»

«C'è un punto più basso, vieni!»

Mirko non ci provò nemmeno a opporsi. Sentiva quanto quel momento fosse importante per Filippo e voleva farglielo vivere tutto.

«A cosa ti serve la mappa?» domandò Mirko quando furono dall'altra parte. «Se sapevi raggiungere la capsula anche senza, io potevo evitarmi… quella pericolosissima magia».

«Mi serve perché ora inizia il difficile».

Filippo gli afferrò il braccio con la mano. Con l'altra mano teneva la mappa aperta.

«Allora, dieci passi piccoli verso il pozzo, ma senza raggiungerlo».

«Uno, due, tre, quattro, cinque, sei, sette, otto, nove e dieci. Ora cinque a destra... E poi tre indietro».

Erano immersi in un campo che sembrava abbandonato da sempre. Non avevano punti di riferimento. Filippo scansava l'erba con le mani tanto era alta, e controllava di continuo la mappa.

«Adesso otto passi seguendo la direzione verso la quercia gigante».

«...sette e otto!»

«Ok, ci siamo!» esclamò Filippo facendo un saltello sul posto.

«Ci siamo? Io non vedo niente».

Filippo si accucciò per dare dei colpetti con la mano sul terreno. Poi scansò pietre e rametti, e si mise a scavare. In quel punto la terra veniva via senza grosse difficoltà. Mirko lo aiutò come poté, e pochi minuti dopo videro affiorare la superficie della capsula.

Filippo finì di liberarla e la tirò fuori.

«Filetto, siamo venuti qui per una scatola di scarpe?»

«La forma non conta, conta quello che ci metti dentro».

Poi sollevò il coperchio e Mirko scoppiò a ridere.

«Non ci credo!» esclamò. «Mi stai dicendo che io ho quasi rischiato la vita per un pupazzo marrone?»

«Si chiama Bro» disse Filo, liberandolo. «Era il mio migliore amico quando non ne avevo nessuno. Poi è arrivato Lino, e mi piaceva di più parlare con lui. Poi è arrivato il terremoto e la tendopoli, e ho trovato un altro amico».

Stava guardando Mirko, che si rese conto che per tutto quel tempo non gli aveva mai mollato il braccio.

«Un amico molto coraggioso, direi, che non mi ha fatto quasi mai sentire solo».

«*Quasi* mai» sottolineò Mirko. «Ma può migliorare questo amico, no?»

«Credo di sì! E anch'io posso migliorare».

Mirko lo abbracciò.

«Perché siamo venuti alla tua capsula? Devi liberarti di qualcosa di vecchio?»

«No, stavolta tengo tutto con me. Nella capsula del tempo bisogna lasciare solo le cose che non ti servono più. Sono le regole. Tu ne hai qualcuna?»

Il vento vociava fra i rami della quercia. Filippo ebbe l'impressione che stesse parlando con Mirko. E poi sentì di nuovo la sua voce, ma non si rivolgeva a lui.

«Mi avete tenuto compagnia per un bel po'» disse Mirko, cacciando il mazzo di carte dalla tasca. «Mi avete salvato, e anche intrappolato, a volte. Di sicuro mi avete fatto sentire meno solo. Ma adesso nella mia vita c'è bisogno di più realtà e meno magia. Che dici, Bro, c'è spazio nella tua capsula del tempo per le mie carte magiche?»

«Ma che fai, parli coi pupazzi? Sei peggio di un bambino!»

Mentre lo diceva, Filippo si rese conto che era passato così poco tempo da quando con Bro ci parlava pure lui, eppure adesso si sentiva diverso, più grande.

Intanto Mirko sistemò le carte nella capsula e richiuse il coperchio. Filippo la rimise nella buca e insieme la ricoprirono di terra fino a farla sparire di nuovo.

«Ehi, non essere triste. Non le perdi mica le tue carte! Ci possiamo tornare tutte le volte che vuoi. Pure fra due anni!» esclamò Filippo. «Quando io sarò alle medie e tu sarai… sposato con Diana!»

«Eeehhh?!? Non correre!»

«Oppure fra dieci anni quando invece sarai… un medico!»

«Ah, se diventassi medico i miei ricomincerebbero a parlarmi di sicuro».

«Puoi chiedere un consiglio alla mamma di Diana!»

«Intanto devo finire le superiori. E poi è un po' presto per le presentazioni».

«Ti piace tanto, eh?»

«È una tipa assurda, sì. Ci ha fatto perdere la testa per una mucca, ti rendi conto? E ora non si stacca dal piccolo Lui».

«Che storia!»

«Già, che storia!»

INDICE